직로비행 - 내일을 여는 내 일

초판 1쇄 인쇄 2019년 11월 10일
초판 1쇄 발행 2019년 11월 13일

지은이 김영안
펴낸이 전익균, 강지철

총 괄 김기충
기 획 조양제
관 리 김영진, 정우진
디자인 김 정
마케팅 팀메이츠

펴낸곳 도서출판 새빛, 유피피코리아
전 화 (02) 2203-1996 **팩스**(050) 4328-4393
출판문의 및 원고투고 이메일 svedu@daum.net
등록번호제215-92-61832호 **등록일자**2010. 7. 12

값 15,000원
ISBN 978-89-92454-68-1(03190)

이 도서의 국립중앙도서관 출판시도서목록(CIP)은 서지정보유통지원시스템 홈페이지
(http://seoji.nl.go.kr)와 국가자료공동목록시스템(http://www.nl.go.kr/kolisnet)에서 이용하
실 수 있습니다.(CIP제어번호: CIP2019041816)

직로비행

내일을 여는 내일

김영안 지음

도서출판 새빛
AEVIT

우리 인생에 직업은 무엇인가?
은퇴 후 우리는 어떻게 살아야 하나?
평생 우리에게 숙제를 안겨주는 두 질문에 답한다.
직업의 선택에 필요한 자질과 노후에 대한 조언을 제시한다.

우리 앞에 직업이 있다

사람에게는 누구나 이름이 있다. 하지만 사회생활을 하면서 이름을 자주 쓰지는 않는다. 상대방을 부르는 호칭은 이름보다는 그 사람의 사회적 지위에 관한 것으로 바뀐다. 학창시절까지는 이름이 호칭이었으나 사회인이 되면서는 그 사람의 직업과 직책을 부르게 된다. 나의 호칭의 변화도 첫 직장인 은행에서의 직책인 주임 – 대리 – 과장 – 차장의 계급 순으로 바뀌었다. 그리고 창업을 해서는 이사라는 높은 직함을 가졌다. 다시 대기업에 취업을 해서는 부장 – 이사 – 상무로 변했다. 마지막으로 한 번 더 창업을 해서는 대표이사가 되었다. 이로써 직장인으로 가질 수 있는 모든 직함을 다 가져보았다. 뿐만 아니라 새로운 직업으로 변신도 해봤다. 대학교수가 되어 교수 – 처장 – 대학원장이라는 직책도 맡았고, 자유업인 작가로도 활동하였다. 현재는 서예가로서 한국서예협회 뉴질랜드 지회장이라는 아주 독특한 직책을 맡고 있다. 나는 참 이렇게 다양한 직업인으로 살아 왔다.

대부분의 사람들은 취업을 선택한다. 직장은 만족스럽지는 않지만 고정 수입을 제공해 주기 때문이다. 하지만 직장이란 안정적 울타리로 바람막이가 되어 주기는 하지만 언제까지나 자신을 책임지고 보호해 주지는 않는다. 직장은 누구나 언젠가는 떠나야 하는 곳이다. 평생직장은 사라진 지 오래다. 뿐만 아니라 평생 직업도 사라져 가고 있다. 보통 일생동안 3~4개의 직업을 가지는 게 보편화 되었다. 그리고 60세에 정년퇴직을 해도 10년 내지는 20년 다른 생업에 종사해야만 한다. 일을 해야만 하는 동시에 그것이 권리이기도 하다. 개인은 실업의 고통에 빠져서는 안 된다. 모든 개인들이 일을 하지 않으면 사회는 멈추게 될 것이다. 직업의 목적은 하나는 자아실현이고 또 하나는 생계유지이다.

'현재의 직장이 사회에 나와서 자신이 희망했던 직업인가?'라고 한 취업 포탈에서 직장인에게 설문 조사를 했다. 결과는 53.5%가 '아니다'라고 답을 했다. 사회 초년생인 직장 1년 차들도 이직율이 30%가 넘는다고 밝혀졌다. 자본주의 사회에서 경제활동은 필수이고, 그 경제활동의 주체는 바로 일 – 다시 말해 직업이다. 많은 사람들이 일을 위해 직업을 찾고 또 바꾼다. 그렇다면 우리의 삶 속에서 직업이란 무엇일까? 우리의 삶에 있어서 직업은 '임시적인 것'이고, '배움'이며, '만족'이며, '변화'이다. 처음에는 대부분 직장생활로 시작하며 자기 사업을 수 십 번 하려고 시도하기도 한다. 지금 아니면 영영 못할지도 모른다는 생각에 실행에 옮기려고 하지만 그게 그렇게 만만하지는 않다. 우리는 평생 남의 고용살이만 하려고 이 세상에 태어난 것은 아니다. 우리에게는 원하는 일을 하면서 살 자유가 있다. 우리가 한 평생을 살아가면서 직업을 구하는 일은 계속된다. 직업을 구하는 것은 과학이 아니고 기술이다. 하지만 직업 선택에 대해 시원한 정답이 없고 때에 따라서는 다소 운에 따라 좌우되기도 한다. 수백만 명의 사람들이 자기 적성과 능력에 맞는 직업을 찾지 못했을 뿐만 아니라 싫은 일을 하면서까지 생활의 양식을 얻고 있는 데서 비롯된다. 잠시 시간을 내서 우리는 한 번쯤 자신에게 맞는 직업은 과연 무엇인가를 한 번쯤 고민해 볼 필요가 있다. 얼마나 자신의 직업에 대해 한 번쯤 깊게 생각해 본 적이 있는가? 우리 인생의 대부분을 차지하는 직업을 선택함에 있어서 나를 먼저 알아야 한다.

이제 한 평생 한 직장으로 끝나는 시대는 지났다. 한 직장에서 정년퇴직한다는 말은 옛 이야기가 되어 버렸다. 현대는 멀티 잡(Multi job)의 시대이다. 같은 기간에도 여러 일을 하는 투 잡스(two jobs), 쓰리 잡스(three jobs)도 있다. 이제는 그저 단순히 직장을 구하는 것이 아니라 직업에 대한 캐리어 패스(career path)를 계획하고 준비해야 할 때가 온 것이다.

이 책은 새로운 직업인으로서 우리에게 필요한 스킬(skill)을 살

펴보고, 각자에 맞는 직업을 선택할 수 있는 지표를 만들기 위함
이다. 당신이 누구든, 어디에 있든, 어떤 일을 하든, 기획자가 되
어야 한다. 디자이너가 되어야 한다. 그리고 자유롭게 살아갈 각
오를 해야 한다.

뉴질랜드 석산제에서

김 영 안

목차

전쟁둥이 뻘기미

'징, 징, 징 –'

전쟁이 한창이었던 1951년 정월 초이틀. 겨울 삭풍이 몰아치는 작은 섬에서 긴급히 마을 모임을 알리는 징 소리가 울렸다.

"무슨 일이여?"
"아니, 정초부터 무슨 일이랑께?"

마을 회관에 모인 노인들께서 영문도 모른 채 모였다.

"아이고, 어르신네 죄송합니다. 다름이 아니고 사람 목숨이 달린 일이라서 급하게 모이시라고 했어요."
"누구 목숨이 그리 급헌디."
"다름이 아니라 엊그제 움막으로 보낸 산모와 아이가 그대로

두면 모두 얼어 죽게 생겼어요. 마을로 불러들여야 합니다.”

　어촌은 정월에 피를 보면 그 해 고기잡이가 안 된다는 속설을 믿고 있었다. 그래서 만삭이 된 산모를 마을 밖 움막으로 내몰았다. 움막은 고기를 잡는 어구(漁具)를 쌓아두는 창고로 거적으로 문을 만들었기 때문에 찬바람이 숭숭 들어왔다. 그리고 주거 목적이 아니라서 불을 땔 수도 없었다. 한 해의 어획량에 영향을 주는 일이라 쉽게 결론이 나지 않았다. 격론 끝에 ‘일단 사람부터 살리자’고 해서 산모와 아이를 마을로 옮겼다. 이런 우여곡절 끝에 내가 태어났다. 그곳은 군산 앞바다에 있는 작은 섬들로 이어진 고군산군도의 한 섬이었다. 신선들이 노니는 섬으로 선유도(仙遊島)라고 불렸다. 최근에 산책로로 유명해 관광객도 많아졌지만 그 당시는 북한군도 찾지 않을 정도로 아주 작은 어촌에 20 가구가 살고 있었다.

　나는 6.25 전쟁 통에 태어났다. 3남 2녀 중 셋째이다. 너무 어려서 전쟁에 대한 기억은 없다. 하지만 어머니의 피난 이야기를 들으며 자라왔다. 어머니의 이야기는 정말로 한 편의 드라마와 같았다. 6.25 전쟁 중 서울에서 고향 전북 김제까지 걸어서 피난길을 떠났다. 혼자 피난 가기도 어려운 데 6살 큰 형의 손을 잡고 3살 둘째 형을 등에 업고 그리고 나를 베고서 만삭의 몸으로 서울에서 걸어서 피난을 가셨다. 피난 생활이 너무 힘들어 나를 유산시키려 여러 번 철길에서 뛰어 내리셨다고 한다. 하늘의 도움인지 생명의 끈질김에 유산도 안 되었다고 한다. 어렵사리 고향에 도착했는데 이미 인민군 치하라서 군인가족인 어머니는 다시 외딴 섬으로 피난을 떠나야 했다. 군산 앞바다의 선유도로 피난을 갔다. 피난에 또 피난을 가고 섬에서 태어났기 때문에 '뻘기미'라는 별명을 얻었다. 뻘은 '갯벌'을 말하고 '기미'는 아이를 뜻한다. 마치 복고풍 아침 드라마에나 나올 법한 이야기이다. 이렇게 나는 어머니의 헌신적인 희생으로 이 세상에 나오게 되었다. 어머니는 요즘같이 극성 치마 바람은 아니지만 지극 정성으로 5자녀의 뒷바라지를 했다. 매일 3형제의 도시락 3개를 쌌다. 그리고 5남매를 모두 대학에 보냈다. 그 시대의 전형적인 한국의 어머니였다.

2

선견지명(先見之明)

소작농의 장남이었던 아버지는 겨울 농한기에 새끼를 꼬다가 방귀를 뀌었다. 엄격하신 할아버지에게 매 맞고 그 길로 가출하셨다고 한다. 겨우 초등학교를 졸업해서 까막눈은 면했기에 간부후보생으로 입대해 육사 4기 소위로 임관하셨다. 그런 와중에 6.25 전쟁이 터졌다. 전쟁에 젊은 학도병들의 희생이 컸다. 그 중에서도 초급장교인 소위(少衛)들의 희생이 많았다. 농담으로 총알이 날아오는 소리가 '소위, 소위'하며 소대장을 찾아왔다고 했다.

매년 1기수인 육사생도 중에 전쟁 중이었던 육사 8기는 4번이나 모집했다고 한다. 그 8기 중에 김종필이 있었다. 아버지는 전쟁포로로 잡혀 처형 직전 산꼭대기에서 굴러 탈출을 했다. 북한군이 쏜 총알 수발을 맞고 기절했는데. 후속 진군한 아군에 구출되어 구사일생으로 살아났다. 전쟁 영웅으로 국내 충무공 훈장,

을지 무공훈장은 물론 미 국방부 은성(銀星)무공훈장을 받으셨다. 6.25 전쟁 중에 미국은성훈장을 받은 한국군은 8명 정도라고 했다. 전쟁이 끝난 후 미 군사고문단으로 미국 연수를 다녀와 서구 문명에 눈을 뜨셨다. 그래서 아들 셋, 딸 둘을 모두 대학까지 가르치셨고, 본인 역시 군 복무 중 대학을 마치셨다. 5.16 쿠테타시절 박 정희와 반대편에 섰다가 강제 예편을 당했다. 그 후 농협에서 직장생활을 하셨다. 농협 근무할 때 컴퓨터가 도입 되었다. 컴퓨터에 매료되어 나에게 컴퓨터 교육을 시켰다.

"이것 가지고 KIST(현 KAIST)에 가서 학원 등록해라."

아버지가 3만 원 짜리 자기앞 수표를 주시면서 KIST의 컴퓨터 강습을 받으라고 하셨다. 당시 대학 1학기 등록비가 1만 5천원 이었는데 두 배가 넘는 금액이었다. 나는 그때까지 그렇게 큰 돈⑵을 만져 본적이 없었다. 컴퓨터 수강료가 한 학기 대학 등록금보다 많은 컴퓨터교육을 받은 것이다. 이 교육이 내 인생의 전환점이 되었고 향후 내 직장생활에 아주 중요한 기술이 되었다. 나의 대학 생활은 데모로 점철되었다. 유신반대, 3선 개헌 반대 등 정권에 대항하는 데모로 학교는 최루탄으로 메케해 등교하기가 어려웠다. 이런 저런 핑계로 제대로 수업도 못했지만, 대학 축제 역시 제대로 해 본 기억이 없다. 그런 나에게 아버지는 일찍이 경제관념을 심어 주셨다. 평소에도 심부름 값 등 수고에 대한 보상을 해 주셨는데 대학 4학년 때 장학금으로 기성회비 면제를 받았는데 그 금액을 전액 현금으로 보상해 주셨다. 가끔 학교 앞 중국집에서 짜장면으로 점심을 때우고 했는데, 모처럼 학우들에게 탕수육도 함께 크게 한 턱을 쏘았다. 다행히 우리 삼 형제는 과외수업 한 번도 안 받고 모두 대학에 진학했다. 오히려 나는 대학 시절에 과외로 용돈을 벌어 쓰기도 했다.

삼성 삼형제

"엄마, 형이 때렸어." 막내인 나는 항상 어머니에 고자질을 했다.

"남자 새끼가 치사하게 엄마한테 이르고 그래." 어머니는 작은 형을 마구 나무란다.

"형이 돼서 동생을 때리고 그러냐!"

나는 3남 2녀의 셋째로 태어났다. 위로 형이 둘이고, 아래로 여동생이 둘이다. 그 시절에는 한 방에 2-3명이 같이 지내는 것이 당연한 일이다. 주거 환경이 열악하기 때문이다. 그래서 같은 방을 썼던 3살 터울인 작은 형과 자주 다퉜다. 사실 나는 민주화 운동이 한창일 때 초등학교를 다녔다. 3.15부정선거로 이승만 정권이 무너지는 4.19혁명 때는 초등학교 4학년이었는데 선생님이 조기 하교시켜 그저 좋았던 기억이 난다. 다음 해인 5.16때는 영문도 모르고 학교가 일찍 끝나서 역시 신났다. 한국 민주 역사의 큰 획을 그은 두 혁명을 겪었지만, 당시는 너무 어려서 그게 무슨 일이지 전혀 알지 못했다. 당시 아버지가 군인이라서 전국 각지를 따라 다니는 바람에 초등학교 3번, 중학교 2번, 전학을 갔다. 너무 이사를 자주 다녀 이사의 달인이 될 정도였다. 달동네에 살 때는 한 방에 3형제가 같이 자다가 연탄가스에 중독되는 경우도 여러 번 있었다. 수도 시설 역시 열악해 공동수도에 줄을 서서 양동이로 물을 나르기도 했다. 그 때는 대부분 그렇게 살았다.

큰 형님은 공업 고등학교 출신이다. 지금의 예비고사 이전에 학력고사를 시범적으로 실시했는데 전국 2등을 해 서울대 공대에 들어갔다. 그리고 군대는 ROTC로 마쳤다. 전역 후 바로 삼성 그룹에 첫 발을 내딛었다. 삼성 석유화학을 설립한 주역으로 첫 직장에서 평생 근무를 했다. 전공이 공학인 관계로 주로 공장에서 생활을 많이 하였으며, 작업복 차림이 어울리는 전형적인 엔지니어 타입이다. 그러다 보니 주로 직장생활의 대부분을 지방에 있는 공장 중심으로 생활하였다. 회사에서 마련해 준 사택에서 생활하게 되었고, 매일 사택과 공장을 통근 버스로 출퇴근하는 다람쥐 쳇바퀴 도는 것과 같은 생활이었기에 복장은 항상 작업복에 작업화 차림이었다. 회사에서 사택을 마련해 주었기 때문에 집 걱정 없이 살다 보니 그 흔하디흔한 아파트 청약 한 번 제대로 해 보지 못하고 그저 일 밖에 모르고 살아온 전형적인 기술자였다. 오로지 계절별로 한 벌뿐인 양복은 본사 출장 때나 또는 경조사에 갈 때 외에는 입어 본 적이 없다는 사람이다. 그러다 보니 양복은 결혼예복 아니면 급히 사서 입은 기성복 수준이어서 마치 남의 옷을 빌려 입은 듯 촌닭 수준을 넘을 수가 없었다. 마치 사회와 등진 수도승같이 오직 일 밖에 모르는 전형적인 공돌이였다. 삼성을 퇴임한 후 조그마한 사업을 했으나 몇 년 못 버티고 낙향을 했다. 형님은 '공장에서 작업복 입고 작업화 신고 공장을 순회할 때가 가장 행복했다'고 술회를 하셨다.

작은 형님은 농업고등학교 출신으로 대학은 원예학과에 입학했다. 작은 형님 역시 대학을 졸업하고 본인의 전공과는 전혀 무관한 영업직으로 직장생활에 뛰어들었다. 여느 사람들과 다르지 않게 보통 직장인으로 평범하게 살아 왔다. 대학을 마친 후부터 30여 년 동안 외국계 회사를 비롯해서 국내 유수의 재벌 회사를 거친 후에, 저술가와 컨설턴트를 하며 이른바 화이트칼라의 삶을 착실하게 살았다. 국내에서 알아주는 마케팅 전문가인 형님은 대학원까지 졸업한 전형적인 화이트칼라 엘리트 출신으로서, 현장 강의를 비롯해 60여 권의 저서를 출간해서 이름을 날리던 비즈니스맨이었다. 국내 최고 기업인 삼성전자에 몸을 담고 있을 때에는 한국형 컴퓨터 사업의 기초를 마련하는 데에도 한몫을 담당하기도 했다. 또한 삼성전자와 미국계 컴퓨터 회사인 휴렛팩커드

(HP)의 합작회사인 삼성HP가 출범하는 데에도 핵심적인 역할을 했다. 때 마침 불어 닥친 정보산업 열풍에 발맞추어 대기업의 컴퓨터사업부의 주역으로서 국내 컴퓨터 영업을 했는데, 새벽에 출근하여 밤늦게 퇴근하는 전형적인 샐러리맨 생활을 했다. 계속되는 야근으로 누적된 피로를 주말에도 제대로 풀지 못하고 특근을 밥 먹듯 하였기에 휴일에 낮잠 한 번 자는 것이 소원이었던 시절이라고 했다. 그 시절에는 모든 직장인들의 생활이 거의 대동소이했다. 언변이 좋아 영업사원 시절에서 체득한 경험과 기술을 바탕으로 뜻 맞는 동료와 자그마한 회사를 차려 어렵게 꾸려 나가고 있었다.

어찌 되었든 간에 그 같은 하드 트레이닝 덕분에 그 분야에 나름대로 전문가가 되어 그간의 마케팅 노하우를 바탕으로 열심히 살았다. 하지만 결국에는 컴퓨터 영업의 달인으로 직장생활을 끝마치고, 현재 제주에서 커피 농장을 운영하고 있다. 먼 길을 돌고 돌아 본인이 원하는 농부의 삶을 살고 있는 것이다. 몸은 다소 고달퍼도 마음만을 편하다는 말을 듣다보니 천직이 농부였나 싶다. 두 분 형님 역시 자기가 선택한 길- 한 분은 공돌이, 한 분은 농부로 보람 있는 삶을 사셨다.

나는 인문계 고등학교를 졸업하고, 문리대 천문기상학을 전공했다. 대학을 마치고 은행에 취직해 다니다가 군대를 갔다. 우리 세대는 격변기의 성장통(成長痛)을 겪으며 살아왔다. 학창시절은 물론 군대 생활도 격변기에 있었다. 3선 개헌 반대 데모로 ASP(Anti Social Power)로 낙인 찍혀 최전방 말단부대로 배치되었다. 그곳에서 당시 사회당 당수의 아들인 김모와 같이 근무했다. 그 역시 요주의 인물로 최전방에 배치된 것이다. 강원도 인제를 지나 원통을 거쳐 양구군 동면(東面) 구석의 포병부대에 배치되었다. 〈'인제'가면 언제 오나? '원통'해서 못 살겠네〉라고 푸념을 할 정도로 산골 오지였다. 그 곳에서 30개월을 근무했다. 나는 대학을 마치고 입대를 했기 때문에 소속부대 본부에는 ROTC로 근무하는 대학 동기가 선임 중위였고, 말단 소속부대에 배치를 받아 갔더니 고등학교 2년 후배가 최고참이고, 1년 후배가 중고참 병사였다. 내가 쫄병 때는 맞지 않고 취침한 기억이 없다. 헌데 정작 내가 선임이 되어서는 구타를 전혀 안 했다. 그 짧은 기간에 군대도 많은 것이 변한 것이다. 한 가지 기억나는 것은 그 당시에는 빙상 선수촌이 없어서, 국가대표 빙상선수들이 양구 동면 저수지로 전지훈련을 오곤 했다. 나는 스케이트를 탈 줄 알아 저수지에 얼음판을 정비하는 일에 차출되었다. 같은 양구 동면이지만 부대 공기와 저수지 공기는 확연히 달랐다. 아마도 민간인들과 같이 어울려서 일 것이다. 어찌되었든 간에 무사히 2년 반의 군 생활을 마치고, 사회로 복귀해 산업 역군으로 본격적인 직장 생활을 시작했다. 삼형제의 직장생활에 공통점이 하나 있다. 우리 삼형제 모두 삼성그룹에서 일을 했다는 점이다. 비록 계열 회사는 달랐지만, 큰 형님은 화학회사에서 30년, 작은 형님은 전자에서 10

년 그리고 나는 IT^(정보통신)기업에서 10년간 근무했다.

'행복한 가정은 모두 비슷한 점이 있지만, 불행한 가정은 제각 각 다른 모습으로 불행하다.'고 톨스토이는 말했다. 누구나 지나 간 세월은 있고 모두 할 이야기는 많다. 그 당시는 아픈 경험이지 만 지금 돌이켜 보면 모두가 다 아름다운 추억이다. 1920년에서 1950년 사이에 태어난 세대의 업적은 놀랄 만하다. 가족이 뿔뿔 이 흩어진 전쟁, 억압을 피할 수 없었던 독재 체제, 그리고 끊임 없이 이어지는 고된 일 사이에 변변히 해변으로 갈 기회도 없었 던 그 시절을 헤쳐 나온 세대이다. 1920년대의 어머니 아버지 세 대는 일제 식민지에서 독립해 6.25 전쟁을 겪은 세대이다. 그 시 대에 저마다 수많은 시련을 겪으며 살아 왔다. 수많은 고난을 극 복하고 아들, 딸들을 잘 키웠다. 1950년대의 우리 형제들은 독재 에 항거하며 민주화를 이루는 격변기 한 가운데 서 있었다. 나름 대로 열심히 살았다. 산업화의 일꾼으로 각자 맡은바 제 역할을 충실히 해 나갔다.

과거는 현재의 밑거름이고, 현재는 미래로 도약할 수 있는 발 판이다. 과거는 우리의 시야에서 온전히 사라지고 마는 것이 결 코 아니다. 과거는 현재의 일부이자 다가올 미래에 상당한 지분 을 가진다. 누구도 역사로부터 자유로울 수가 없다. 인간은 도도 하게 흘러가는 역사의 물결 속에 떠내려가는 미물 같은 존재로 보일 수 있지만 그 인간의 행동이 역사를 만들어 간다는 사실 또한 부인할 수 없다. 나는 지나온 세월은 잊고 새로운 세상과 이어 갔다.

샐러던트(saladent)가 되다

나는 삼형제 중 막내다. 풍족한 집안은 아니었지만 직업 군인
이셨던 아버님이 자식들 교육만큼은 챙기셔서 삼형제 모두 대학
을 무사히 마칠 수가 있었다. 이런 환경 속에서 자란 나는 대학
을 마치고 직장을 구하는 데 많이 망설였다. 어느 때든 직장을 구
하는 것은 쉽지 않다. 취업 전쟁은 예나 지금이나 마찬가지다. 하
지만 지금 보다는 수월한 편이었다. 그래도 군 미필자에게는 선
택할 직장이 그리 많지 않았다. 공무원과 한국전력, 석탄공사 같
은 몇 안 되는 국영기업체 그리고 은행뿐이었다. 개인 기업으로
는 삼성이 유일하게 군 미필자를 대상으로 공개채용을 할 때였
다. 누구에게나 첫 직장이 중요하다. 첫 직장이 그의 일생을 좌
우하기 때문이다. 우리의 인생은 일을 찾아 헤매는 구도자의 길
과 같다. 나는 그 당시 공부만 잘하면, 고급인력이면 무조건 취직
되는 줄로 알았다. 지금은 고급인력이 넘치지만, 그 당시에는 고
급인력이 들어갈 직장이 너무 적었다. 어찌 보면 그 시절은 도리

어 고졸생에게는 더 좋은 환경이었던 것 같다. 산업화로 성장하고 있던 시기이었기 때문에 상고 출신은 은행 또는 경리 사원으로, 공고 출신은 공장에 취직이 잘 되던 시절이었다. 그리고 대기업이라고는 손꼽을 정도였다. 공무원은 행정고시를 보아야 하고, 지금은 신의 직장이라 불리는 국영기업체는 쳐다 보지도 않았다. 그럼에도 나는 공무원을 지원하기로 했다. 대학 전공과는 무관한 고시(考試) 공부를 시작했다. 요즈음 상당수의 공대생(工大生)들도 준비한다는 사법시험을 준비해 1차 시험은 가볍게 통과를 했다. 헌데 본 고사가 만만치 않았다. 본 고사를 한 번 보고 나의 한계를 깨달았다. 아무래도 적성이 안 맞는 것 같아 진로를 변경하기로 했다.

'그럼 취직을 해야 하는 데 지방 공장에 가는 것은 싫고 어떻게 하지?'

나는 난감했다. 그런데 취업 게시판에 은행 채용공고가 붙어 있는 것을 보고 바로 응시하기로 했다. 여러 은행 중 국책 은행인 신탁은행에 원서를 냈다. 그 이유는 국책은행이 상업적인 은행과는 달리 공무원 신분이기 때문이었다. 그간 고시 공부 준비한 것이 많은 도움이 되었다. 꿩 대신 닭이라고 나는 나름대로 열심히 시험 준비를 한 결과 신탁은행에 합격을 했다. 2개월간의 연수를 마치고 부서에 배치를 받아 현장 근무를 했다. 꿈에 그리는 첫 직장생활을 설레는 마음으로 시작했다. 나는 세상을 모두 다 얻은 듯한 기분으로 꿈에 부풀어 있었다. 이제 독립해 원룸에서 생활하고, 자가용도 사서 출퇴근을 하면서, 헬스클럽에서 운동도 하는 그런 멋진 인생이 내 앞에 기다리고 있다고 생각을 하니 괜스레 마음이 들떴다. 그러나 이런 환상이 깨지는 데는 그리 시간이 오래 걸리지 않았다. 직장 생활이란 영화나 드라마 속처럼 그렇게 재미있고 즐거운 곳만은 아니었다. 게다가 신입 사원이라 제대로 된 업무를 처리하기 보다는 선배의 보조 역할을 하다 보니 잔 심부름의 허드렛일이 많았다. 별 중요하지 않는 잡무 때문에 바빠서 매일 야근을 하다 보니 자기 계발이나 운동을 할 여유가 없었다. 그리고 자가용은 커녕 지하철이라도 편히 탈 수만 있다면 그 이상 바랄 게 없었다. 매일 만원 지하철 속에서 출근하기도 전에 진이 다 빠져 버리기 때문이었다. 나는 발령 받는 지 3개월이 지났는데도 변변한 일거리 없이 복사기 앞에서 보고 자료를 20부 복사하고 있었다.

누군가가 자조적인 말을 했다. 신입 사원의 업무는 '카피(copy) 아니면 커피(coffee)' 즉 남자는 카피(복사)하는 것이고, 여자는 커피를 타는 것이라고,

'아니, 내가 이따위 복사를 하려고 대학을 나오고 취업 시험공부에 목숨을 걸었단 말이야?'

나는 은근히 화가 치밀어 올랐다. 복사하는 것을 중단하고 복도에 나가 자판기에서 커피 한 잔을 꺼내 들고 창가로 갔다.

"그래, 할 만해?"

커피를 마시고 있는데 누군가 다가와 말을 걸었다. 같은 부서 선배인 박창환 계장이다. 박 계장도 손에 종이컵을 들고 있었다.

"아, 선배님! 할 만 합니다!"

아직 군대 군기가 덜 빠진 상태라서 마치 군대에서 상관을 만나 복창하듯이 바로 서서 씩씩하게 대답했다.

"허, 허, 이 사람, 여기는 군대가 아니야. 사회야. 그리고 직장이니 그럴 필요는 없네. 그리고 내 다 알지, 나도 당신처럼 그런 과정을 다 겪었거든."

박 계장은 직장 3년 선배로 대학 선배이기도 하다. 그래서인지 박 계장이 다른 직원보다는 훨씬 더 친절하게 지도를 해 주고 있는 편이었다.

"자네는 지금 이런 생각을 하고 있을 게야. 내가 대학 나와 하찮은 복사나 하고 있다니 정말 한심하구먼, 이런 생각 말이야."

나는 가슴 속이 덜컥했다. 아니 박 선배가 내 마음을 꿰뚫어 보다니!

박 선배는 움찔하는 내 모습에 아랑곳 하지 않고 말을 계속 했다.

"나도 3년 전에 자네와 똑같은 생각으로 이곳에서 창밖을 보며 그런 생각을 했지."

"아니, 선배님도 그런 생각을 하셨어요." 나는 용기를 내어 물었다.

"하, 하, 그렇다니까. 나뿐만 아니라 당신의 1년 선배, 2년 선배 모두들 같은 생각을 하고 이곳에서 커피를 마셨지. 아마 이 곳이 명당자리인가 봐."

박 계장은 유능한 은행원으로 다음 승진 1순위의 촉망 받는 사람이다. 그런 박 계장도 그런 생각을 먹었다는 것이 의아했다.

"김영안씨, 한 번 냉정하게 생각해 보게. 누군가 서류를 복사해야만 하는 데 지금 자네가 안 하면 누가 해야지?"

"글쎄요? 아마 조 선배가 하시겠지요."

조성래는 바로 1년 먼저 입사한 선배이다.

"그래, 맞아. 그런데 이 일을 조 선배가 하는 것이 좋겠나?"

"아니오, 제가 당연히 해야죠."

나는 엉겹결에 대답 했다.

"자. 이제 기분이 좀 풀렸나? 그럼 복사를 마저 하러 가야지. 커피도 다 마셨지 않았나?"

가볍게 커피 한 잔을 하면서 몇 마디 나눈 짧은 대화 속에서 나는 뭔가를 깨달았다. 이왕 할 일이라면 내가 하고, 하기로 했으면 즐겁게 하기로 마음먹었다. 이렇게 마음을 고쳐먹고 나니 하기 싫었던 복사하는 일이 그렇게 짜증스럽지 않았다. 복사를 다 마치고 분류해 스태플러(stappler)로 찍으면서 나도 모르게 콧노래까지 나왔다.

"어이, 영안아. 너 뭐 좋은 일 있냐? 그러면 저녁때 소주 한 잔 사라."

입사 동기인 성일이가 옆으로 와서 어깨를 툭 치면서 한 마디 건넸다.

"어, 성일이냐, 그래 이따 거기서 보자, 까지 것 내가 쏘지, 뭐!"

그래도 직장 생활에 한 가지 즐거움이 있다면 퇴근 후 친구들과 한 잔 하는 재미이다.

오후 6시. 도심에 저녁이 찾아 왔다. 포장마차들이 저녁 장사

채비를 마치고 손님을 기다리고 있다. 직장인들은 삼삼오오 짝을 지어 포장마차에서 하루의 시름을 털어 내고서 집으로 돌아간다. 괴팍한 상사나 까탈 부리는 선배를 안주 삼아 소주 한 잔으로 하루의 스트레스를 풀어 버린다. 오늘도 어김없이 나와 성일은 단골 포장마차에 앉았다.

"오늘도 출근했네, 꼼장어하고 소주 한 병, 맞지?"

포장마차 아줌마는 반갑게 맞이하면서 자기가 알아서 주문을 한다. 둘은 서로 쳐다보고는 미소로 주문을 확인한다.

"그래, 무슨 좋은 일이 있었냐?"

"응, 아무 것도 아니야, 박 선배 알지?"

"그래, 사람 괜찮은 것 같더라. 다른 놈들은 제 것만 챙기는데 박 선배는 그렇지 않아서 말이야."

나는 성일에게 아까 낮에 있었던 일을 간단히 설명해 주었다.

"오늘 좋은 충고를 해 주셔서 많은 것 깨달았지. 그래서 기분이 좋아서 콧노래가 나온 거야"

아줌마는 소주와 술잔을 내주면서 오뎅 그릇에 꼬치 두 대를 얹어 놓았다.

"꼼장어가 구어 지는 동안 먼저 이걸 먹어요, 이건 서비스야."

그래도 단골이라고 빈 속에 소주 먹을까봐 오뎅 꼬치 하나를 서비스한 것이다. 둘은 서로 잔을 채우고는 건배를 했다.

"짜식, 나는 복권이라도 맞은 줄 알았지, 자, 건배!"

둘은 원 샷을 하고 오뎅 꼬치를 입에 넣었다.

"근데 한 총각이 안 보이네, 싸웠어?"

아줌마가 꼼장어 접시를 내밀면서 명준의 근황을 물었다.

"참, 그러고 보니 명준이는 요즈음 통 안보이네?"

나는 명준의 안부를 물었다. 명준은 같은 입사 동기로 같은 부처에 근무하는 세 명 중 한 명이다.

"응, 너 그놈 소식 못들은 게로구나. 걔 요즈음 야간 대학원에 다녀"

"아니 웬 대학원?"

"글쎄 말이다. 나는 공부 말만 들어도 머리에서 쥐가 나는데 그놈은 공부하고 웬수졌는지, 아니면 조상 중에 공부에 한 맺혀 죽은 사람이 있는지 그 지긋지긋한 공부를 또 한다고 하니, 원!"

"그랬어! 언제부터 다니는데?"

나는 궁금해서 물었다.

"이번 학기부터 다니니까 이제 두 주일 된 것 같은데"

그러고 보니 명준과 포장마차에서 안 만난 지도 거의 한 달이 다 되어갔다. 둘은 화제를 바꿔 시시콜콜한 직장 생활 이야기로 소주 각 1병씩 마시고는 집으로 향했다.

거의 매일 다람쥐 쳇바퀴 돌듯이 반복되는 일상이었다. 어느덧 직장 생활한 지도 반년이 지나 잔무에서는 벗어났지만 맡은 업무가 단순해 큰 변화 없는 일상의 반복이었다. 하지만 직장 생활은 환상이 아니라 현실이다. 그리고 단순 반복인 것이다. 내가 기획 업무를 맡은 일은 한 두어 달 지나자 어느덧 익숙해져 약간 지겹기도 했다. 헌데 오늘 아침에 사건이 터졌다. 어제 올린 기획안 때문에 혼쭐이 난 것이다.

"김영안씨! 이걸 기획 안이라고 올렸어요?"
어제 오후 퇴근 무렵의 일이다. 최 부장은 서류 뭉치를 내 던지며 나에게 호통을 쳤다.

"미래의 인재 좋아하시네! 인재는 무슨 인재? 인재(人才)가 아니라 인재(人災)다. 인사부 놈들은 눈깔이 다 삐었나? 한심한 친구를 인재라고 뽑아서 홍보부에 보내다니. 원! 내, 참 한심해서, 원, 내일 모레까지 다시 만들어 놔요!"

최 부장은 시종 못 마땅해서 혀를 끌끌 차면서 나를 닦달했다. 내일이 어린이날로 공휴일인데 모레까지 다시 만들라고 하면 휴일에 쉬기는 다 틀려 버렸다. 모처럼의 공휴일인데 사무실에서 일을 해야 한다니 억울하기도 했다. 하지만 어쩔 수 없는 일이다.

최 부장이 저렇게 난리를 치는데 못 하겠다고 할 수는 없었다.

"예. 모레까지 다시 만들어 놓겠습니다."

하는 수 없이 나는 서류를 다시 집어 들면서 모기 소리로 대답했다.

"글쎄, 요즘 신입 사원들은 뭐가 모자라도 한참 모자란단 말이야. 그 중에서도 똑똑한 놈도 많은 데 하필이면 저런.…"

최 부장은 뭔가 험한 말을 하려다가 말을 끊었다. 나 역시 기분이 말이 아니었다. 그냥 참고 들으려니 속에서 뭔가 치밀어 오르는 것 같았다. 조용히 자리에서 일어나 복도로 나갔다. 복도 끝에 있는 자판기에서 커피 한잔을 꺼냈다. 창가 쪽으로 가서 커피를 마시며 마음을 달래기 위해서였다.

"걔는 왜 그러니? 좀 모자라 보이지 않니?"

"글쎄, 낙하산이라고 하던데?"

"아니야, 대학을 수석으로 졸업했다고 하던데?"

"수석 좋아하시네! 물 '수(水)'에 돌 '석(石)'이겠지"

"수석이면 다 같은 수석인 줄 아는 모양이지. 명준씨 봐라, 걔는 '킹카'더라. 죽이더라.

잘 생겼지. 게다가 최고 명문대 수석이라 하지, 아마?"

"그래, 명준씨가 기획과에 가야 되는 거 아니야."

"글쎄, 그렇다니까. 그런데 이상한 학과 출신이 기획과에 발령 났지 않았니. 그러니까 뭔가 있는 거야. 낙하산이 아니고는 그럴 수가 없지. 암!"

"그래, 소문에 말이야. 행장님하고 뭐 된다고 그러던데."

복도 끝에 있는 여직원 탈의실에서 나는 소리였다. 퇴근을 위해 옷을 갈아입으면서 재잘거렸다. 나는 직감적으로 나를 두고 하는 뒷담화인 것을 금방 알아챘다.

"빽 좋아하네, 먹고 죽으라고 해도 없네."
나는 이렇게 속으로 말하며 피식 웃었다. 직장이란 정말 살벌한 곳이라는 것을 새삼 깨달았다.

어린이날이라 휴일인데 날씨마저 맑아 나들이에 제격인 날이었다. 하지만 나는 출근을 해야 했다. 어제 지시 받은 기획안을 수정해야 하기 때문이다. 오전에 기획안을 수정해 놓고 잠시 시간이 나서 사내 메일방에 들어갔다. 공지사항에 〈얼리 버드 프로그램(Early bird Program)〉이 떠있었다. 일찍 출근한 시간을 활용해 매주 1회씩 외부 강사를 초빙해 특강을 하는 프로그램이었다. '이른 아침에 일어나는 새〈얼리 버드(Early bird)〉가 먹이를 하나라도 더 잡는다.'는 격언에서 따온 이름이다. 일주일 중 가장 여유가 있는 수요일 아침 8시부터 1시간 반의 특강을 개설했다. 나는 무료하던 차에 강의 신청을 했다. 특강이 시작되는 첫 수요일 아침, 평소보다 두 시간 일찍 집에서 나와 사무실로 향했다. 마땅한 교육실이 없어 회의실을 사용했다. 첫 날이라 많은 직원이 참석해 회의실에 빈자리가 없었다. 모자라는 의자는 사무실에서 끌고 와서 강의를 들었다. 첫 강의는 국내 명문대학교에서 마케팅을 가르치는 이준상 교수. 국내에서 학부를 마치고 유학을 가서 최단 시일에 마케팅 박사를 딴 수재다. 모교에서 파격적인 조건으로 유치해 와 후진 양성에 힘쓰고 있는 젊은 교수였다. 이 교수는 신세대 교수답게 강의록을 깔끔하게 만들었다. 컴퓨터 파일로 만들어 빔프로젝트(Beam projector)를 이용해 자료를 보여 주면서 강의를 했다. 제일 먼저 마케팅의 정의부터 풀어 나갔다.

"마케팅을 간단히 정의하면, '두 개체 사이 상호교환의 과정'이라고 말할 수 있습니다. 마케팅은 시장을 개발하고, 성장시키고, 유지하며, 방어하는 행동입니다. 이 과정에서 '너'와 '나'라는 서로 다른 입장에 있는 두 개체를 얼마나 신속하게 '우리'라는 하나의 공동 운명체의 틀로 묶을 수 있는가에 따라 마케팅의 성공 여부가 결정된다는 것이 현대 마케팅의 핵심 전략입니다. 마케팅의 목적은 환상을 만드는 것이 아니라 실존하는 것을 개발하고 형성시키는 것입니다."

처음부터 또박또박 집어 가며 마케팅은 이론이 아니라 실천이라고 강조했다.

"오늘날 대부분의 회사들은 마케팅을 비효율적이고 불필요한 활동으로 간주하고 있습니다. 광고와 마케팅, 그리고 영업과 판매를 확실히 나누지 못하고 있습니다. 대부분의 기업에서 마케팅 부서는 관료화 됐고 통계와 데이터를 정리하는 부서로 전락한 상태입니다"

이 교수는 마케팅 부서의 현실에 대한 통렬한 비판도 서슴지 않았다. 한참을 쉬지 않고 열띤 강의를 하다 보니 목이 타서 물을 한 잔 마시고 톤을 조절하면서 마케팅의 성공요소에 대해 설명해 나갔다.

"성공적인 마케팅의 열쇠는 고객이 알고 있는 '진실'을 알아내는 일입니다. 그들이 느끼는 진실을 찾아내고 그들만이 가진 특별한 감정적 요구를 밝혀내서 그것을 만족시켜주는 것입니다. 좋은 마케팅이나 세일즈는 가장 훌륭한 마술 쇼와 같은 것이지요. 고객을 속이려는 것이 아니라 감정적으로 끌어들이는 것입니다"

나 역시 이 교수의 주장에 공감을 하고 있었다. 며칠 전에 읽었던 책의 한 구절이 생각났다. '마케팅이라는 것은 일종의 인간 심리를 활용해 만족을 유도하는 추상적인 것입니다. 고객만족은 심리적으로 느끼는 만족입니다. 큰 만족에 감동하는 것이 아니라 오히려 작은 만족에서 더 큰 감동을 이끌어 낼 수 있습니다.' 라고 한 청량음료 회사의 대표이사가 쓴 글이 떠올랐다. 이 교수의 강의 내용과 현장의 대표이사가 느끼는 체감과 일맥상통하는 것이었다. 막연하게 무조건 상품을 팔기만 하면 된다는 안일한 생각에서 벗어나 다시 마케팅의 중요성을 알아야 한다고 강조했다.

"고객을 '왕'으로 모시던 비굴한 마케팅은 이제 끝났습니다. 영업은 일방통행이 아니라 영업사원과 고객 사이에 지속적으로 도움을 얻어야 하는 파트너 관계입니다"

이 교수는 새로운 마케팅의 원칙을 네 가지로 요약정리 하면서 강의를 마무리했다.

'첫째, 마케팅의 유일한 목적은 더 많은 사람에게 더 자주 더 좋은 가격으로 더 많이 파는 것이다. 둘째, 마케팅은 진지한 사업이다. 셋째, 마케팅은 마술이 아니다. 넷째, 마케팅은 전문적인 사업 원칙이다.'

이 교수는 프로 강사답게 정확히 90분을 다 사용하며 깔끔하게 강의를 끝냈다. 현재 내 업무와는 다소 동떨어진 마케팅 교육이었는데 특강을 듣고 사무실에 들어서면서 무언가 새로움을 느꼈다. 무언지 모르지만 변화를 해야겠다는 의식이 살아나는 것 같았다.

나는 '특강 신청하기 잘했구나'하는 생각이 들었다. 시작이 반이라고 했는데 절반의 성공을 한 셈이다. 한 편으로는 다음 수요일이 은근히 기다려졌다. 잠시 일상의 반복에서 일탈했다가 다시 반복의 생활로 돌아왔다. 1주일이 순식간에 지나갔다. 두 번째 강의가 있는 수요일에 나는 또 한 번 일상을 탈출하게 된다. 첫 강의가 저명한 대학 교수의 이론 강의였기에 두 번째 강의는 이론보다는 현장 경험이 많은 대기업의 임원이 초청되었다. 현장에서 잔뼈가 굵은 조 상무는 강의라기보다는 경험담을 말했다. 경험이 많은 백전노장인 조 상무도 많은 사람들 앞에서 강의하는 것은 부담이 되었는지 처음은 조금 말을 더듬었다.

"별로 보잘것없는 이 사람, 아니 저를 이런 영광된 자리에 불러 주셔서 대단한 영광입니다. 제가 영업 현장에서 느낀 저만의 영업관, 아니 영업 활동에 관해 말씀 드리겠습니다"

긴장한 탓인지 목이 타서 잠시 뜸을 들이며 냉수 한 모금을 마시고 강의를 계속했다.

이론적인 체계는 없지만 공감할 수 있는 현실 세계의 이야기라서 쉽게 이해되는 것 같았다.

"고객을 만나면 한 번 더 만나고 싶도록 만들어야 합니다. 그러기 위해서는 많은 수고와 노력이 필요하지만, 자신의 미래가 달려 있는 중요한 일이므로 기꺼이 그런 수고와 노력을 투자 할 줄 알아야 합니다. 모든 고객 관계에서 가장 중요한 것은 '한 번 더 만나고 싶은 마음'이 있느냐 하는 것입니다"

조 상무는 특유의 인간관계를 강조하였다.

"인맥은 자기가 직접 만드는 것이 아니라 사람들이 만들어 주는 것입니다. 대기업을 경영하거나 창업으로 성공한 사람들은 비지니스를 단지 비지니스가 아니라 대인관계라는 사실을 잘 알고 있습니다. 진정한 성공을 위해서는 거리낌 없이 사람들과 개인적인 관계를 가질 수 있어야 합니다. 개인적이라는 의미는 이기적이 되라는 것이 아니라 사람들을 배려하라는 뜻입니다."

조 상무도 나름대로 준비를 많이 해 온 것 같았다. 명색이 강의라서 주어진 시간 안에 하고자 하는 말을 조리 있게 하려고 나름대로 메모를 해 온 것이다. 강의 도중 주제로부터 궤도 이탈을 하지 않으려고 힐끔힐끔 메모를 보면서 대화조로 강의를 이끌어 갔다.

"우리는 인맥하면 부정적인 생각부터 합니다. 끼리끼리 모여 무슨 나쁜 일을 저지른다는 선입감에 사로 잡혀 있지요. 사실, 우리나라는 유난히 정이 많은 나라입니다. 이 정이 단점일 수도 있지만 장점이기도 하지요. 요즈음 각광받는 고객관리라는 것이 바로 고객과 인연을 만들고 정을 쌓는 것이라고 봅니다. 서양 사람들은 과학적으로 구현하지만 우리는 감으로 만들어 가는 것이지요” 조 상무는 요즈음 유행하고 있는 고객관계관리인 CRM(Customer Relation Management)을 한국적인 시각인 '정(情)'으로 풀어 갔다. 기술자들은 같은 제품을 대량으로 생산하려고 노력하는 제품우선의 법칙을 사용하고 있었던 반면, 영업 사원들은 독특한 가치를 지닌 상품을 전달함으로써 소비자들과 좋은 관계를 맺으려고 노력하는 관계우선의 법칙을 사용하여야만 한다고 강조했다.

"영업 사원들은 고객을 빚진 상태로 만들기 위해서 다양한 호의를 베풀어야 합니다. 고객은 빚진 상태를 벗어나기 위해 무언가 보상하려는 심리를 가지게 마련입니다. 그리고 자기 회사의 상품이나 서비스에 맞는 고객을 찾는 것이 아니라 고객에게 맞는 상품이나 서비스를 찾아야 하지요. 그런 후에 상품을 파는 것이 아니라 상품에 딸린 '스토리(story)'를 팔아야 하지요"

조 상무는 〈시즐(sizzle)을 팔아라〉라는 마케팅의 명언을 설명했다. '시즐'은 고기가 지글지글 끓는 소리를 말한다. 다시 말해 햄버거를 팔 때 햄버거의 영양가나 가격을 선전하는 것도 중요하지만 고객을 부르기 위해서는 철판에 계속 햄버거를 지글지글 끓이면 그 소리에 자연스레 고객이 가게로 들어온다는 이론이다. 제품보다는 구매의욕을 자극하는 마케팅이 더 중요하다는 의미이다.

"고객의 양보다 질이 중요하다는 것을 모르는 기업이 많은 것 같아요." 조 상무는 마지막으로 따끔하게 충고를 하고 강의를 마쳤다. 우뢰와 같은 박수가 터져 나왔다. 그 만큼 현장의 경험이라 공감하는 영업 사원이 많았다는 증거이기도 하다. 이론과 경험을 번갈아 가는 방식으로 〈얼리 버드 프로그램〉은 6주간 지속되었다. 휴가철이 시작되어 7월 초에 시작해 8월 중순에 마칠 예정이었다. 6회 째가 되자 강의 주제도 바닥이 났고 휴가로 직원들의 참석율이 떨어지고 있었다. 아무리 좋은 것이라도 오랫동안 하면 식상해 지기 마련이다. 마지막 강의로 스피치 기법을 택했다. 이 프로그램을 주관한 기획부서에서도 이런 점을 감안 했는지 고객만족의 일인자인 미모의 박강자 강사를 수배했다. 마지막 강의에 미인계를 쓴 것이다. 유통 회사에서 서비스 교육을 전담해서 인지 상냥한 미소가 몸에 배어 있었다. 얼굴에 하나 가득 미소를 띠우며 나긋나긋한 목소리로 화술에 대해 강의를 해 나갔다. 박 강사는 외모와는 달리 체계적이고 학구적으로 강의를 풀어 갔다. 모든 내용의 출처를 밝힘으로써 이론적 배경을 확실히 했다. 가벼운 친절 예절 교육으로 생각했던 영업 사원들이 자세를 고쳐 앉아 메모를 하기 시작했다.

"성공하는 화술의 첫 번째 명제는 경청이에요. 고객의 말을 들어야만 설득을 하든 상품을 팔든 할 수가 있는 것이지요. 고객과 만날 수 있는 시간이 10분 정도라면, 인사에 1분, 상대의 말을 들는 것에 6분. 그리고 마지막에 자기의 이야기를 하는 데 3분, 1, 6, 3 배분이 대화의 상식이에요"

박 강사는 말하는 것 보다 듣는 것이 더 중요하다고 결론지으며 당차게 강의를 마쳤다. 강의가 끝나자 박수소리가 터져 나왔다. 이 박수는 두 가지 의미를 담고 있었다. 첫 번째는 예상을 뛰어 넘는 훌륭한 강의에 대한 것이고, 두 번째는 지루한 〈얼리 버드〉 교육이 끝난 것에 대한 것이기도 했다. 나는 6주간의 특강 대장정을 끝내고 느낀 바가 많았다.

손자병법(孫子兵法)에도 말했듯이 지피지기 백전불태 (知彼知己 白戰 不殆)라 했다. 즉 나를 알고 상대를 알면 백 번 싸워 절대 위태롭지 않다는 말이다. 모름지기 배워야 치열한 경쟁 속에서 살아남을 수 있다는 진리를 깨달았다 .

"명준이냐? 나, 영안이. 오늘 점심 약속 있니? 없으면 나하고 하자."

나는 명준에게 전화를 했다.

"그래, 이따 로비에서 봐"

둘은 로비에서 만나 건물 앞 설렁탕 집에 들어갔다. 조금 늦었더니 자리가 없었다. 마침 먼저 먹고 나간 사람이 있어 겨우 자리를 잡았다.

"야, 이 집 떼 부자 되겠다. 이렇게 사람이 많으니 말야."

나는 넘치는 손님들을 보면서 부산을 떨었다.

"야, 임마, 벌써 부자 됐어, 강남에도 체인점 열었는데 번호표 나누어 준다더라."

명준은 차분하게 말했다. 두 사람은 허겁지겁 탕 한 그릇을 뚝딱 때우고는 근처 커피숍에 들어갔다.

" 웬일이냐? 네가 전화를 다하고,"

명준은 내가 새삼스레 전화한 것에 대해 먼저 물었다.

" 야, 임마, 우리끼리 전화도 못 하냐?"

나는 눈을 흘기며 면박을 주었다. 하지만 곧 얼굴을 풀고 진지하게 물었다.

"그래, 대학원은 다닐 만하냐?"

"응, 다닐 만 해, 첫 학기에는 정신이 없었지, 뭐가 뭔 지 알 수가 있어야지, 이제 3학기라 습관화가 돼서 할 만 해."

명준은 벌써 3학기를 마치고 앞으로 1년이면 학위를 받게 된다. 하지만 나는 1년 전이나 지금이나 별 달라진 것이 없었다. 그런 명준을 보고 있으려니 나는 조금은 열등감 같은 것을 느꼈다. 그로부터 3개월 뒤, 나는 명준이가 다니는 대학의 MBA^(경영학 석사) 과정에 입학했다. 학교를 떠난 지 만 2년 만에 나는 다시 학교로 돌아왔다. 예전에는 그저 다녀야 한다는 그리고 졸업을 해야 한다는 의무감으로 수동적인 자세로 학교를 다녔다. 그래서 학교에 대한 감흥이 별로 없었다. 하지만 지금은 학교의 모든 것이 다정스럽게 다가왔다. 가로수며, 벤치 그리고 심지어는 화장실까지도 정겹게 느껴졌다. 지금은 본인 스스로 다니고 싶어 다시 찾은 학교이기 때문이다.

"영안아! 강의실로 들어가자"

강의실 입구에서 주변을 감상하고 있는데 뒤에서 명준이가 나의 어깨를 툭 치며 강의실로 앞서 걸어갔다. 오늘부터 나도 명준이처럼 샐러던트의 삶을 시작한 것이다.

현대는 지식, 능력, 재능, 꿈 만이 개인적인 자본이자 미래의 보장이다. 이 자본을 지속적으로 돌보면서 발전시키되 한 걸음 더 나가는 것, 즉 남들이 인식할 수 있을 만한 특별함을 계발해야 한다. 큰 위기가 큰 변화를 만들어 내고 더불어 큰 기회를 제공하는 법이니 대담해져야 한다. 자! 이제 평생 후회 없을 '일생의 일'을 찾기 위한 질문에 답해 보자. 첫째, 평생 그 일만 할 수 있는가? 둘째, 언제까지 남의 기준에 맞춰 살 것인가? 셋째, 내 안에 어떤 '자아'가 숨 쉬고 있는가? 넷째, 내가 정말 잘하는 것은 무엇인가? 마지막으로 지금 사회에 뛰어들 몸과 마음, 머리의 준비가 됐는가?

필요한 자질(資質) 1

학습(學習) – 샐러던트(Saladent)가 되다

성공의 비결은 남들이 잘 때 공부하고, 남들이 빈둥거릴 때 일하며, 남들이 놀 때 준비하고, 남들이 그저 바라기만 할 때 꿈을 갖는 것이다. – 윌리엄 워드

요즈음뿐만 아니라 어느 시대건 직장인은 매우 고달프다. 대학 입시보다 더 힘든 취업문을 비집고 들어서면 치열한 경쟁이 기다리고 있기 때문이다. 이러한 경쟁에서 낙오하는 삼팔선, 사오정이 되지 않고 살아남기 위해서 직장인들은 공부에 몰두하고 자기 계발에 전념할 수밖에 없다. 우리는 어려서부터 '공부하라'라는 말을 귀가 따갑게 들으면서 자라 왔다. 대학을 졸업하고 직장에 들어오면 이런 공부와 이별할 줄 알았는데 그게 아니었다. 도리어 더 많은 공부가 필요한 곳이 바로 직장 생활이라는 것을 뼈저리게 느끼게 된다. 치열한 경쟁에서 살아남기 위해서는 남보다 차별화된 무엇을 가지고 있어야 한다. 그 차별성은 배움으로 만들어진다. 배움을 얻는다는 것은 자기 자신의 인생을 사는 것이다. 갑자기 행복해지거나 부유해 지는 것이 아니라, 세상을 더 깊이 이해하고 자기 자신과 더 평화롭게 지내는 것을 의미한다. '내 삶이 불완전하기 때문에 더 즐겁다'라는 말처럼, 삶의 배움을 얻는다는 것은 삶을 완벽하게 만드는 것이 아니라 있는 그

대로 삶을 받아들일 줄 알게 되는 것이다. 그래서 요즈음 공부하는 직장인을 직장인과 학생의 합성어인 '샐러던트'(Saladent : Salary man + Student)라 부른다. 최근 한 조사 기관의 발표에 의하면, 약 70%의 직장인이 샐러던트로 공부를 하고 있다고 답했다. 직장인들이 이처럼 공부에 열중하는 이유로는 '자기 개발', '미래 준비', '인적 네트워크', 그리고 '승진' 때문이라고 했다. 직장은 배움의 종착역이 아니라 새로운 출발점인 것이다.

사회에서 공부하는 방법은 학교와는 달리 다양하다. 직장 생활 중에 가장 먼저 접하는 것은 어학이다. 이제 어학은 선택이 아니라 필수이다. 그 중에서도 영어는 이제 '기호'나 '선택'의 문제가 아니라 '생존'의 문제이다. 어학에는 왕도가 없다. 오직 선택과 집중만이 답이다. 영어 시험인 TOEIC의 광고를 보면, 그 필요성을 절감하게 된다. 영어는 협력을 위해(for collaboration), 협상을 위해(for negotiation), 사랑을 위해(for love), 관심을 위해(for interest), 상호 이해를 위해(for understanding), 그리고 상호 공생을 위해(for mutuality) 반드시 습득해야 할 도구가 되어 버렸다.

다음으로는 자기가 좋아하는 취미나 직무를 위한 자격증이다. 남을 위해서가 아니라 자신을 위한 공부인 것이다. 각종 자격증을 따기 위한 학원 수강이 유행하고 있다. 자격을 따서 유리한 고지를 차지하면서 본인 스스로 즐기는 것을 할 수 있는 일거양득

(一擧兩得)의 공부이다. 마지막 목표는 공기관의 학위 -즉 MBA 석사, 박사 등이다. 성공은 성적순이 아닌 것처럼 역시 학위의 높음이 곧 성공을 의미하지는 않는다. 하지만 배움의 목표가 되고 그 성취도를 객관적으로 증명해 주는 것이 바로 학위이기 때문에 주경야독을 하는 직장인이 많다. 이러한 배움의 목표를 달성하기 위한 방법은 참으로 다양하다. 때로는 사내 교육을 활용하기도 하지만 대기업이 아니고는 교육 환경이 열악해 외부 교육 기관인 야간 대학원, 학원 수강, 인터넷 강의를 이용한다. 수강 시간이 정확히 정해진 학원이나 대학원에 다니는 반 강제적인 상황에 자기를 밀어 넣는 것도 좋은 방법이다. 평소 시간을 내기가 어려운 직장인은 단기 속성반을 듣는 것도 방법이다. 1시간의 점심시간을 쪼개 배우는 직장인도 늘고 있다. 정기적으로 시간을 내거나 정해진 장소로 제한되는 학원 수업이 어려울 경우, 매일 인터넷 강의를 듣는 것도 비결이다. 동영상 강의를 한꺼번에 다 보기보다는 조금씩이라도 매일 보는 습관을 가지는 것이 중요하다.

책으로만 독학하는 데 한계가 있기 때문에 강의를 듣는 것이 더 효과적이다. 하지만 정해진 시간에 오가는 시간을 절약하기 위해서는 인터넷 동영상 강의를 듣는 것도 좋은 방법 중에 하나다. 가급적이면 업무와 함께 할 수 있는 어학 공부면 더욱 좋다. 어학에 최적의 시간은 바로 출퇴근 시간이다. 자가용을 이용해 출근을 하든 대중교통을 이용하든 항상 MP3나 PDA 또는 스마트 폰을 휴대해 동영상 교재를 들으면 된다.

세상에는 배울 것이 수없이 많다. 오늘날에는 공부할 만한 지식이 넘치도록 많다. 하지만 시간이 지날수록 우리 능력은 줄고 인생은 짧아져 가장 필요한 최소한의 지식조차 배우기 어렵다. 또한 인생의 의미와 사회에 유익이 없으면 모든 학문과 예술은 쓸모없게 될 뿐만 아니라 인생에 해만 끼치는 오락거리로 전락하고 만다. 그래서 배움에는 무엇보다도 의지가 가장 중요하다. 그리고 철저한 시간 관리가 요체이다. 시간은 누구에게나 공평하게 주어지는 자본이다. 그리고 이 자본을 잘 활용하는 사람만이 성공한다. 우리가 가진 가장 큰 자산 중 하나가 지적 능력이다. 하지만 다른 것과 마찬가지로 지적 능력도 사용하지 않으면 사라진다. 직장인으로서의 공부는 업무와 병행해야 하기 때문에 시간 활용이 핵심이다. 괴테는 '가장 유능한 사람은 배우는 것에 가장 힘쓰는 사람이다.'라고 말했지만 현대에서는 직장인이야말로 배우는 것에 가장 힘써야 할 사람이다.

Magic Tips

샐러던트의 시간 관리

1. 퇴근 후 2시간 투자하기
2. 자투리 시간 모으기
3. 점심시간 활용하기
4. 배우는 주말 보내기

성공적인 샐러던트의 습관

1. 일주일 단위로 계획을 점검하라.
2. 새벽형인지? 저녁형인지? 자신의 스타일을 파악하라.
3. 직장 동료는 적이 아니고 지원군이다.
4. 인적 네트워크가 성공의 지름길이다.
5. 공부가 업무와 연관 짓도록 하라.
6. 디지털 기기를 활용하라.
7. 마음먹었다면 당장 실천하라.

나도 사장이다

"영안아, 우리 회사 하나 차리자!"

은행 동료였던 친구가 제안을 해 왔다. 그는 3년 전 은행을 그만 두고 IBM으로 자리를 옮겼다.

"갑자기 회사는 무슨 회사?"

은행에 잘 다니고 있던 나에게는 뜬금없는 제안이었다.

"요사이 창업 열풍이 불고 있잖아. 우리도 한 번 회사를 만들어 보지, 뭐"

아마도 김대중 정부 시절이었을 것이다. 온 사회가 벤처 (Venture) 창업 열풍에 휩싸였다. 우리 업계에서는 〈똑똑한 놈 3명이면 창업할 수 있다〉는 말이 떠돌았다. 기획, 재무, 영업 3명이면 된다는 이야기다. 특히 컴퓨터 업계는 다른 제조업과 달리 벤처 (Venture) 창업이 훨씬 용이했다. 제조업은 설비 투자와 원자재의 부담이 크지만, 소프트웨어 산업은 단지 컴퓨터와 사람만 있으면 되었다.

"너하고, 나 둘이서?"

"일단 둘이 시작하고 더 모으면 되지"

"요즈음 똘똘한 놈 셋이면 회사를 만들 수 있어, 너 하고 나 그리고 한 명만 더 모이면 된다니까"

그렇게 나를 꼬드겼다.

"아니, 회사 만드는 것이 애들 장난이냐? 자금도 그렇고."

나는 은행원답게 자금 문제를 꺼냈다.

"회사를 만들면 벤처 창업 자금을 얻을 수 있고, 설사 안 되도 일반 투자자들이 묻지마 투자를 해 주니까 회사만 만들면 돼"

그는 아주 쉽게 대답했다. 하기야 최근에 너도 나도 벤처 투자에 온 나라가 정신이 없는 것은 사실이다. 망설이던 나는 조금씩 마음이 움직였다.

"내가 자금도 알아 볼 테니까, 너는 회사 관리만 맡으면 된다."

나는 어느덧 은행 생활도 5년차가 되어 30대가 되었다. 그 동안 결혼도 해 아들도 하나 두었다. 사실 불확실한 미래를 걱정하고 있던 시기였다. 아무리 장래가 촉망되는 직원이라도 유능한 선배가 미래에 대한 걱정을 털어 놓을 때면 저런 선배도 가슴 조이며 사는 구나 하는 생각에 안타까운 마음이 들었다. 그렇지 않아도 은행원 생활이 지겹고 주위에 모두들 창업 열풍에 휩싸여 상대적 열등감도 느끼고 있었던 차였다. 이리 저리 여러 생각을 하다가 결국 이 만남이 있고 3달 뒤 나는 은행에 사표를 내고 창업을 하기로 결심했다. 어차피 한 직장에서 평생을 보낼 수는 없다. 전직은 하기 마련인데 처음에는 참 두렵다. 게다가 이직이 아닌 창업은 더 그렇다. 하지만 창업은 직장인들의 로망이고 꿈이다. 그래서 도전해 볼만하다. 우리는 항상 안 가본 길을 동경하며 산다. 로버트 프루스트의 〈가지 않는 길〉이 자주 회자되는 이유이다.

　나 역시 평생 은행에서 끝내기는 뭔가 아쉬운 것 같았다. 그래서 의기투합해서 준비를 시작했다. 아무래도 몇 명이 더 필요할 것 같아 주위를 수소문해 적임자를 찾았다. 두 명이 더 합류를 했다. 회계법인으로 자리를 옮긴 이 부장과 조그마한 컴퓨터 수리업을 하고 있는 후배 안 팀장, 이렇게 모두 4명이 시작하기로 했다. 사업전반 및 자금은 사장이, 업무 실무는 내가 책임지는 쌍두마차로 운영하기로 했다. 이 부장은 영업을, 그리고 안 팀장은 현장을 맡기로 역할 분담을 했다. 물론 창업을 한 데에는 여러 이유가 있었지만 무엇보다도 나의 패기가 많이 작용했다. '젊어서 고생은 사서라도 해야 한다'라는 말을 따른 것이다. 이런 결정을 한 나를 은행 동료들은 한 편으로는 부러워하기도 하고 또 한 편으로는 잘 할 수 있을까 하는 우려감도 가졌다. 결국 나는 〈코아정보〉라는 컴퓨터 회사를 설립하고, 벤처의 본거지인 테헤란로에 사무실을 열었다.

창업절차는 생각보다 어렵지는 않았다. 각자 출자금을 내서 은행에 예치하고 잔액증명과 인적사항 그리고 정관, 사업 내용 등 회사 설립에 관한 서류들을 정리해 법무사에 등록 의뢰 했더니 3일 만에 사업자 등록증이 나왔다. 뿐만 아니라 영업도 순조롭게 풀렸다. 외국 컴퓨터 회사인 IBM의 전문 대리점으로 등록되어 공동으로 영업을 할 수 있었기 때문이었다. 게다가 때마침 은행들로부터 특별한 프로젝트 사업이 나왔다. 은행이 지금은 5개 정도로 구조조정이 되었지만, 그 당시에는 28개의 은행이 있었다. 국내 28개 은행이 다음해 3월 1일부터 SWIFT^(국제금융결제망)에 의무적으로 가입을 해야 했다. 그래서 특별 수요가 생긴 것이다. 신생회사인 우리는 IBM의 명성을 등에 업고 8개 은행과 계약을 맺는 쾌거를 거두었다. 갑작스런 계약의 기쁨도 잠시, 프로젝트를 수행할 인력이 문제였다. 예나 지금이나 중소기업에서 인재를 구한다는 것은 하늘의 별 따기 만큼 어렵다. 보수나 복지 등 근무 환경이 대기업이나 중견 기업에 비해 너무 열악했다. 창업주들은 회사를 키워서 상장하려는 큰 꿈을 꾸면서 고생을 인내하지만, 직원들은 그렇지 않다. 당장 월급에 민감할 수밖에 없다. 그래서 '미끼'로 스톡옵션^(stock option)이라는 제도를 활용한다. 하지만 이 제도 역시 허공의 메아리에 지나지 않을 때가 많다. 벤처기업 중 과연 몇 회사가 상장(IPO)에 성공할는지 아무도 모른다. 설령 상장을 한다고 해도 최소한 3년 이상을 기다려야 한다. 하루하루 버티는 직원들에게는 3년 후 진수성찬보다는 오늘 당장 라면 한 그릇이 더 요긴한 것이다. 개발 인력을 구하지 못해 적은 인원으로 8개 은행을 처리하다보니, 야근은 당연한 일이고 주말 특근도 밥 먹듯이 해야 했다.

"아니, 야근을 하는데 밥도 안 먹이고 일을 시키냐?"
나는 경비를 문제 삼는 사장과 언쟁을 했다.
"경비를 쓰지 말라는 것이 아니라 줄이라는 말이야"
부족한 자금을 이리저리 끌어 대는 사장은 자금 문제로 스트레스가 이만 저만이 아니다. 이런 논쟁이 하루 이틀이 아니었다. 프로젝트 종료에 가까울수록 더 잦아졌다. 우리 회사는 영세기업이기 때문에 적은 인원으로 많은 프로젝트를 수행하다 보니 경비가 꽤나 많이 들어갔다. 프로젝트가 끝나는 6개월 동안 실무자들은 주말도 없이 추석과 설날 당일 하루만 쉬고 하루에 2개 은행씩을 담당했다. 성공 인센티브(Incentive)는 나중의 문제고 당장 식비와 교통비가 시급했다. 사업 총괄을 하는 사장과 개발 실무를 하는 나는 의견 대립이 잦아질 수밖에 없었다.

'밤늦게 귀가하는 직원에게 택시비는 못 줄망정 저녁은 제대

로 먹여야 하는 거 아니냐?'

나는 고생하는 직원에게 급여로 지원을 못할지언정 복지라도 챙겨주고 싶은 마음에 저녁은 조금 과하게 사용하였다.

"누가 저녁을 사주지 말라고 했니. 적정 범위에서 사용하라는 게지."

사장도 심하게 따지지는 못하지만 마음이 불편한 것은 사실이었다. 이상과 현실 사이에서 최종 결론은 '돈을 구해 와'였다. 갈등의 원인은 모든 것이 다 돈이었다. 우리는 단지 '벤처'라는 환상으로 시작했다. 벤처를 창업하면 마이더스(Midus)의 손이 되듯이 영업도 잘 되고 자금도 술술 풀릴 것이라고 생각했다. 우리 중에 누구도 사업에 경험이 없었기에 그저 낙관적으로 세상을 보았다. 하지만 사업이란 편의점에서 라면 사듯이 바로 현금으로 매출이 당장 잡히는 것이 아니었다. 사전 영업을 해야 하고, 그리고 계약이 되어도 돈이 들어오는 데는 상당한 시간이 걸렸다. 그래서 최소한 6개월에서 1년 정도 기간을 꾸려 나갈 수 있는 운영자금이 필요하다. 그 운영자금을 조달해야만 했다. 창업 자본금 5천만 원은 1달 만에 고갈이 되어버렸다. 사무실 임대 보증금에 간단한 사무집기와 컴퓨터 몇 대 사고 나니 첫 달부터 월급 줄 돈조차 없었다. 요즈음은 벤처펀드(Venture Fund)도 많고, 클라우드 펀딩(Cloud Funding)도 가능하지만 그 시절에는 이런 제도조차 없었다. 추가로 운영 자금이 필요한데, 찾아갈 곳은 은행밖에 없었다. 소위 창업자금 대출을 신청하기로 했다.

"기술신용보증의 보증서를 받아 오시면 대출이 가능합니다."

은행에 가서 창업자금 대출을 알아보니 대출 담당 직원은 기계적으로 대답했다. 그래서 기술신용보증을 찾아갔더니 보증서 발급에 필요한 여러 서류를 구비해 오라고 했다. 그 중에 전년도 재무제표(財務諸表)를 제출하라는 것도 있었다. 지난달에 창업한 회사가 무슨 전년도 재무제표가 있을 것이며, 설사 있다고 해도 실적이 없어서 대출이 불가능하다. 결국 은행의 창업자금지원은 최소한 1년 이상 된 회사에게 가능했다. 그나마 심사도 까다로워 무조건 대출이 이루어지는 것이 아니었다. 높은 은행 문턱을 넘지 못하고 돌아섰다. 결국 자금을 개인적으로 차용할 수밖에 없었다. 다행인 것은 사장의 부친이 사업을 하고 계셔서 자금을 융통할 수 있었다. 한 달 한 달 겨우겨우 연명해 나갔다. 사업에 있어서 기술과 제품이 중요하지만 결국은 돈이 가장 중요하다. 돈은 곧 힘이다. 국가 기관에서 재경부가 힘이 있는 이유는 예산권 즉, 돈을 쥐고 있기 때문이다. 정부도 그러한데, 기업은 당연히 재무의 힘이 막강하다. 결국 돈이 승리할 수밖에 없었다. 나는 경영자가 될 수 없다고 생각했다. 흔한 말로 사업 체질이 아닌 것 같았다. 나의 길은 전문 기술자라고 생각했다. 엔지니어(engineer) 체질인 것이다. 어느 조직이든 리더는 강인한 자가 맡아야 한다. 약한 자가 떠날 수밖에 없다.

'절이 싫으면 중이 떠나야 한다.'라는 말대로 나는 용단을 내렸다. 결국 프로젝트를 모두 무사히 마치고 나서 창업 1년 만에 하차를 하게 되었다. 우리 현실에 동업은 참 힘들다. 누구 하나가 중심이 되어 책임을 지고 이끌어 가야만 한다. 벤처사업을 하려면 과감한 실행력과 끊임없는 인내심이 필요하다는 것도 뼈저리게 느꼈다. 그리고 넓게 생각하고, 대담하게 행동해야 한다는 것을 배웠다.

회사를 경영하면서 나의 사고방식도 많이 바뀌었다. 직장인 시절에는 달력의 빨간 날을 손꼽아 기다렸다. 휴일에 늘어져라 낮잠을 자거나, 여행을 가더라도 월급은 제 날짜에 들어오기 때문이다. 그래서 굳이 일을 만들 필요가 없었다. 하지만 경영자로서는 쉬는 날이 많을수록 손해다. 정해진 시간에 나갈 돈은 많기 때문이다. 매년 설날이 있는 2월 달에 대한 경영자와 직원의 시각은 사뭇 다르다. 2월은 28일로 평소보다 3일 적다. 게다가 설날 연휴가 있어 근무 일수가 더 적어진다. 그뿐만 아니라 설날 보너스도 주어야 한다. 직원의 입장에서는 일을 적게 하고 평소보다 더 많은 돈을 가져가니 아주 행복한 달이지만, 경영자의 입장에서는 정반대이다. 그래서 세상을 보는 시각이 달라졌다.

나는 이번에 실패를 했지만 모든 것을 잃은 것은 아니다. 젊은 패기가 조금 꺾이기는 했지만 그 대신 아주 좋은 교훈을 얻었다.

시련에서 얻은 가치는 잃은 것들의 10배만큼 가치가 있다. 세상 일이 생각대로 되지 않는다는 점을 배운 것이다. 창업에는 자금 이 절대적이며 그 규모는 처음 생각보다 최소한 3배 이상 필요하 게 되고, 노력 역시 3배 이상 필요하다는 점도 알았다. 그리고 회 사가 안정적으로 자리를 잡는 데 걸리는 시간은 당초 예상보다 3 배 이상 걸린다는 것도 배웠다. 실패가 실패로 끝나 버리면 아무 런 의미가 없다. 실패는 성공의 어머니라고 했듯이 하나의 실패 를 통해 무언가를 배워 가는 것이 중요하다. 여러 실패에서 배운 교훈이 최후의 성공의 기틀이 되기 때문이다.

필요한 자질(資質) 2

도전(挑戰) - 창업 정신을 가진다

열정은 기회를 발견하고 에너지는 그것을 활용한다. - 헨리 홉킨스

재능을 가진 자가 큰 꿈을 꾸고, 기지를 가진 자가 그 꿈을 이룬다고 하였다. 무언가를 선택할 때는 그 길이 자신의 꿈을 이루기 위한 단순한 수단인지 아니면 장차 이렇게 되고 싶은 자신의 모습을 본질적으로 추구하는 길인지 검토해야 한다. 무릇 새로운 일을 시작함에 있어서 가장 중요한 것은 마음과 의지이다. 마음이 있는 곳이 보고이며 의지가 있는 곳이 원천이기 때문이다. 이런 마음과 의지에 열정을 더해야만 성공할 수 있는 것이다. 열정이 부족하면 어떠한 일에도 성공할 수 없다. 성공은 열망에 비례하며, 그 성공의 크기는 열망의 깊이에 좌우된다. 가장 열정적인 꿈을 꿔라. 그러면 열정적인 삶을 살게 될 것이다. 하고 싶은 일이 있으면 방법이 보이고, 하기 싫은 일에는 변명만 보인다.

창업은 직원의 입장에서 사장의 입장으로 바뀌는 것을 의미한다. '사장은 직원같이, 직원은 사장같이 일하라'라는 말이 있다. 사장은 사원 입장에서 생각해 보고, 사원은 사장의 입장에서 바

라보라는 의미이다. 하지만 현실은 그렇지 못해 항상 서로 입장이 달라 평행선을 긋고 있다. 그래서 직장인들은 자기 회사를 차려 소신껏 일해 보는 것이 소원이자 희망이다. IMF 외환위기 이후 창업 열풍이 불었다. 구조조정으로 회사를 그만둔 사람들이 제과점, 피자집, 치킨 호프집 등을 열어 너도 나도 자영업으로 뛰어 들고 있다. 하지만 장기 경기 불황과 소비 침체, 과다 경쟁 때문에 3년 내에 문을 닫는 확률은 70%가 넘는다. 약육강식의 정글에서 생존하는 법칙이 존재하는 현대 사회에서 남들과 똑같은 생각과 방법으로는 성공할 수가 없다. 사업을 함에 있어서 가장 중요한 것이 바로 사업 아이템(Item)이다. 다시 말해 어떤 사업을 할 것이냐가 중요하다. 시대에 따라 규모에 따라 다르겠지만 공통적인 유망 아이템(Item)을 잘 찾아야 한다.

작으면서 실속 있는 아이템, 시류에 맞는 아이템, 유동성이 큰 아이템, 경쟁이 심하지 않는 아이템, 기동성이 있는 아이템, 성장 잠재력이 있는 아이템. 자본 규모에 맞는 아이템. 그러나 이런 대상을 찾기가 쉽지 않다. 또한, 같은 아이템이라 하더라도 시작하는 연령에 따라 사업의 성격을 달리해야 성공할 수 있다. 20대에는 모험 창업, 30대 초반에는 선택 창업, 30대 후반에는 기반 창업, 40대에는 전문 창업, 50대에는 안전 창업을 해야 한다. 그리고 60대에는 여유와 즐김의 창업을 해야 한다. 인생의 후반인 40대 이후에는 전문 창업이 주를 이룬다. 중소기업청의 조사결과에 따르면, 교수. 연구원들의 창업 성공률이 높은 것으로 나타났다. 최근 10년간 교수, 연구원 1003명이 창업했고, 72.7%가 성공했다. 이는 일반인의 성공률이 55%에 비해 1.5배 정도 높은 성공률이다. 뿐만 아니라 코스닥(KOSDAQ) 상장률도 일반 0.06%보다 높은 1.6%에 달했다. 이 조사는 창업에도 전문성이 중요하다는 것을 말해 주고 있다.

그렇다고 모든 직장인이 창업을 한다고 해서 모두 성공하는 것은 아니다. 성공하는 확률보다 도리어 실패의 확률이 더 높은 것이 창업이다. 처음 생각대로 되지 않는 것이 사업이다. 그래서 자금도 최소한 3배 이상 필요하게 되고, 노력도 예상보다 3배가 더 든다. 뿐만 아니라 시간도 3배 이상 더 걸린다. 손익분기점까지 걸리는 시간은 당초 예상보다 3배 이상 걸리는 것이 현실이다. 이러한 모든 난관을 헤치고 나야만 비로소 회사가 안정되고 성공할 수 있는 것이다. 눈에 보이는 꿈과 비전은 빙산에 노출된 1/9 부분에 지나지 않는다. 그 밑에 숨겨진 8/9은 수많은 시행착오와 고난 그리고 인내로 이루어진 것이다. 그렇지만 일단 해 보지 않고는 당신이 무엇을 해낼 수 있는지를 알 수 없다는 것이다.

비록 실패할 지라도, 창업은 한 번 도전해 볼 만한 일이다.

'나는 1만 번의 실패를 한 것이 아니라 1만 번의 안 되는 이유를 배운 것이다'라고 에디슨은 말했다. 그에게는 실패는 또 하나의 배움이었다. 베토벤도 '실패를 구걸하라!'고 비슷한 말을 했다. 실패가 닥칠 때마다 물러서지 않고 온 힘을 다해 극복하면, 자신의 능력이 배가되는 것을 알 수 있다. 실패는 재능을 키우는 가장 좋은 길이다. 실패는 비관적인 인간의 눈에는 재난이고, 낙관적인 인간의 눈에는 삶의 낭만이다. 도전 정신만이 우리를 키우는 유일한 방법이다. 성공은 그릇이 가득 차는 것이고, 실패는 그릇을 쏟는 것이라고 한다. 그러나 또 한편으로 생각하면 성공은 가득히 넘치는 물을 즐기는 도취임에 반하여, 실패는 빈 그릇 그 자체에 대한 냉정한 성찰이다. 성공에 의해서는 대개 그 지위가 커지고, 실패에 의해서는 자주 그 사람이 커진다는 역설을 믿고 싶다.

Magic Tips

창업 십계명

1. 쉽게 돈 벌 생각을 버려라.
2. 샐러리맨의 발상을 버려라.
3. 정보를 수집하라.
4. 돈에 맞게 시작하라.
5. 초보자는 모방하라.
6. 입지와 업종의 조건에 맞춰라.
7. 얼굴이 최고의 상품이다.
8. 수익보다는 매출에 신경 써라.
9. 체면과 자존심을 버려라.
10. 신화적인 서비스를 창조하라.

창업 시 고려 사항

1. 창업 시 거시적인 기업 환경 변화를 주목하여야 한다.
2. 창업 시기를 잘 포착하여야 한다.
3. 창업자의 자질과 경영능력을 냉철히 판단하여야 한다.
4. 사업 계획의 철저한 준비와 타당성을 점검하여야 한다.
5. 최적의 창업 업종과 아이템을 선택하여야 한다.
6. 자기 자본과 추가 자금의 조달 능력을 치밀하게 계획하여야 한다.
7. 정부가 육성하는 산업 분야에서 창업하면 자금 및 세제 지원을 받을 수 있다.

백수(白首)가 되다

"따르릉, 따르릉."

　자명종 시계가 나를 깨운다. 오늘도 어김없이 새 날이 밝았다. 나는 갑자기 아침이 두려워졌다. 아니 눈을 뜨고 싶지 않았다. 하루 아침에 백수가 된 것이다. 다시 말해 실업자가 되었다. 나이든 선배들이 농담으로 밤이 무섭다고 했지만 나는 반대로 아침이 두려워졌다. 예전과 같이 남들처럼 바쁜 아침을 보낼 수가 없기 때문이다. 백수의 하루는 뻔했다. 처음에는 취직자리를 알아보면서 보낸다. 그런 일상도 한 달도 체 못 간다. 그 이후로는 하릴없이 동네를 걷거나 인터넷으로 시간을 보낸다. 점심때가 되면 '전자레인지에 밥 있다'는 쪽지가 나를 맞는다. 전자레인지에 밥과 국을 데우고 밑반찬을 꺼내 먹다가 문득 '홀로 따로 사시는 노모가 보면 얼마나 안쓰러워할까' 하는 생각이 들며 눈물이 핑 돈다. 현직에 있는 친구들을 만나도 답답하기는 마찬가지다. '기러기 아빠' 생활을 하다 이혼한 친구의 고충을 듣는 것도 지겹고, 겉보기에 멀쩡한 친구들도 '그동안 뭘 위해 뛰어 왔는지 모르겠다.'며 푸념한다. '내 자신의 건강이나 즐거움을 위해선 단 한 푼의 돈이나 1초의 시간도 쓴 적 없이 오로지 가족과 직장을 위해 살아 왔다고 자부했는데….' 나는 심한 자괴감에 빠지곤 했다. 일이 고단해 쉬고 싶다고 노래 부르지만 일단 쉬어보면 일할 때가 그리운 법이다. 일하는 것보다 노는 것이 더 힘들다.

"여보, 이참에 여행이나 한 일주일 다녀오지 그래요, 그동안 일하느라고 제대로 쉬지도 못 했는데"

아내는 방황하는 나를 위로하기 위해 여행을 권했다. 정말 안쓰러워 진심으로 하는 말이다.

"아니야, 금방 취직이 될 것 같아서, 그냥 집에서 대기하면서 며칠 쉬면 돼."

나는 큰 소리를 쳐 놓았지만 사실은 언제 취직이 다시 될 런지 하는 조바심이 늘 있었다. 게다가 넉넉하지 못한 생활비 걱정에 선뜻 여행을 나서지 못한 것이다. 여행은 언제나 돈의 문제가 아니라 용기의 문제다. 솔직히 나는 돈 때문이 아니라 용기가 나지 않았다. 그리고 '돈이란 섹스와 같다. 못 가지면 그것만 생각하고 막상 갖게 되면 다른 것을 생각하게 된다.'라는 제임스 볼드윈의 말처럼 시간 역시 마치 돈과 같다. 정작 필요할 때는 구하기가 어렵고 필요가 없을 때 넘치는 것이 시간이다. 평상시에 항상 시간에 쫓기면서 살아 왔기 때문에 시간이 조금만 있었으면 하는 생각 밖에 없었는데 이제 그 시간이 넘칠 만큼 많아졌는데 더 시간에 쫓기고 있다. 대부분의 사람들은 휴가 때가 되면 오로지 자기 자신만을 위해 뭔가를 하리라 마음먹는다. '오늘 저녁에는 편안하게 쉬어야지'하고 생각하기도 한다. 하지만 막상 그 때가 되면 여가 시간도 전혀 자유롭지 않다는 것을 느낀다. 막상 여행을 할 시간이 생겨도 떠날 용기가 나질 않는다. 현실에 부딪히면 그 꿈은 산산이 부서져 버리기 때문이다.

"오늘 자고 올 거예요?"
"글쎄, 가급적이면 오늘 돌아오도록 해 볼게, 그래도 혹시 모르니까 간단한 속옷과 세면 도구만 챙겨 갈게."

나는 그동안 차일피일하며 미루던 여행을 결국 가기로 했다. 예전에도 출장 가방은 항상 내가 직접 꾸렸다. 물론 간단한 내의는 아내가 챙겨 주지만 나만의 독특한 여행 가방 꾸리기가 있기 때문이다. 대부분 1박2일 일정이라 옷들은 별로 챙길 것이 없고 도리어 다른 것들이 더 많다. 다른 것들이라 함은 자투리 시간을 이용해 처리해야 할 것들이다. 챙길 목록 제 1호는 노트북이다. 이동 간에 각종 문서정리를 하고 현지에 도착해서는 바로 인터넷으로 접속해 업무를 볼 수 있기 때문이다. 해외 출장을 갈 때에는 비행기 안에서 보기 위해 외장형 하드 드라이브에 영화 같은 동영상을 다운로드 받는다. 두 번째는 책이다. 항상 두 권을 챙겨 한 권은 갈 때, 한 권은 올 때 읽었다. 한 권은 문학 서적이고 다른 한 권은 경영 관련 서적을 택했다. 하지만 이번 여행은 이런 업무 출장이 아니고 복잡해진 머리를 식히러 가는 여행이라서 특별히 챙길 것이 정말 없었다. 그저 옷과 세면도구가 전부였다. 남들처럼 이런 기회를 이용해 해외로 여행을 떠나지만 나는 가볍게 지방으로 여행을 떠나기로 했다. 사실 여행이라기보다는 두 해 동안 찾아뵙지 못했던 아버님 산소에 가는 것이다. 아버님 산소에는 재작년 추석에 들러 보고는 작년 추석에는 회사 일이 바빠서 들르지 못했다. 어차피 시간도 많고 그간의 불효도 씻을 겸 고향으로 나들이를 잡은 것이다.

"여보, 다녀올게, 기다리지 마."
나는 아침 일찍 서둘러 집을 떠났다. 아침 출근 시간과 겹치면 괜스레 길에서 시간을 다 허비할 것 같아 새벽에 길을 나섰다.
"편안하게 다녀오세요, 날짜에 구애 받지 말고 있고 싶을 때까지 있다가 오세요, 그리고 몸 조심하시구요."

아내는 평소 배웅과 달리 코끝이 찡해왔다. 나는 그런 아내의 얼굴을 보지 않으려고 서둘러 문을 열고 나갔다. 88도로를 타고 바로 고속도로에 올라 논스톱으로 달려 천안 휴게소에 도착을 했다. 벌써 아침 해가 중천에 떠올라 눈부셨다. 잠시 휴식도 할 겸 휴게소에서 국밥 한 그릇으로 아침을 했다. 잠시 휴식을 취하고는 다시 천안부터 쉬지 않고 달렸다. 오전 10시경 고향 선산의 아버님 산소에 도착했다. 아버님 산소는 추석에 형님이 다녀가서 단정하게 가꾸어져 있었다. 나는 준비해 온 과일과 북어포를 석상에 차려 놓고 절을 했다.

"아버님, 불효자 영안이가 왔습니다. 이름값도 못한 이 못난 아들을 용서하십시오."

나는 절을 하면서 하염없이 눈물을 흘렸다. 그 동안 주위의 눈치도 있고 또 가족들에게 나약한 모습을 보여 주기 싫어서 참고 있었던 눈물이었다. 서러운 감정을 아버지 산소에 와서 원 없이 풀어 버렸다. 평소에 약주를 좋아 하시는 아버님을 위해 소주를 제주로 올렸다. 그리고 나서 저승에서라도 마음껏 드시라고 산소 주위에 뿌려 드렸다. 나는 성묘를 끝내고 차를 몰아 가까운 변산 바다로 향했다. 변산 해수욕장은 나의 고향에서 약 1시간 거리에 위치해 있어 간혹 들르던 곳이다. 탁 트인 바다를 보면 꽉 막혀 버린 가슴이 조금이라도 트일 것 같아 변산으로 향한 것이다. 한 여름에는 해수욕을 하는 피서객으로 발 딛을 틈도 없었던 변산 해수욕장은 철 지난 해변 가의 적막감만 맴돌고 있었다. 나는 바다가 보이는 소나무 아래에 앉아 조용히 생각에 잠겼다. 해지는 저녁노을을 보고 고단한 삶의 냄새와 피로를 느끼며 마흔이 되면서 인생이란 게 참으로 만만치 않음을 알게 되었다. 일생에 처음으로 엄청난 일을 당하고 나니 처음에는 분노가 치밀었다.

'왜?, 나에게 이런 일이 일어나는 거야? 내가 무엇을 잘못했기에 이런 시련을 주는 거야?'

분노를 품는 것은 독이 되고 굽은 칼이 되어 휘두르면 휘두를수록 자신을 더 다치게 했다. 어느 정도 시간이 흐르면서 분노의 독이 가라앉았지만 이제는 분노보다는 두려움이 앞섰다. 나는 다시 시작할 엄두를 못 내고 있었다. 또 이 같은 상황이 벌어지면 어떡하나 하는 두려움에 휩쌓여만 갔다. 그 두려움을 회피하려고 애를 쓰면 두려움은 더 커져만 갔다.

중세 수도자인 발자크 그라시안은 이렇게 말했다.

'좌절과 희망은 언제 어디서 나타날지 모른다. 언제나 한결같은 이성으로 무장해야 한다. 그리하여 행운은 신중하게 받아들이고, 불행은 인내로써 받아들여야 한다.'

자신이 누구이며, 가치 있게 여기는 것이 무엇인지를 알아야 한다. 그래야 자신이 다람쥐 쳇바퀴 같이 쉬지 않고 돌아가는 상태에서 '정지'를 누를 수 있다. 그리고 지금 하는 일보다 나 자신이 중요하다는 것을 상기시킬 필요가 있다. '해야 할 일'에 덜 집중하고, '되어야 할 일'에 좀 더 집중해야만 한다. 결단의 몫은 항상 나 자신이기 때문이다.

나는 자리를 털고 일어나 해변가로 내려갔다. 해변에는 수많은 파도가 밀려왔다 다시 사라지곤 하였다. 나는 해변가를 걸으면서 많은 것을 생각하였다. 비록 짧은 기간이지만 그 동안 지나온 삶을 되돌아보았다. 지금같이 어려운 시기에 진정으로 격려해 주며 순수한 마음으로 지켜 봐주는 사람은 오직 가족뿐이라는 것을 새삼 깨달았다. 그동안 가족의 중요성을 잊고 오로지 멸사봉공의 자세로 일에만 열중한 자신이 한없이 바보같이 느껴졌다.

나는 자신도 모르게 '정말 바보처럼 살았군요.'라는 가사가 입에서 흘러나왔다.

어느 날 난 낙엽 지는 소리에

갑자기 텅 빈 내 마음을 보았죠.

그냥 덧없이 흘려버린 그런 세월을 느낀 거죠.

저 떨어지는 낙엽처럼 그렇게 살아 버린 내 인생은 예~

난 참 바보처럼 살았군요. 난 참 예~

난 참 바보처럼 살았군요. 바보처럼, 바보처럼 ~ 우~

잃어버린 것이 아닐까 늦어버린 것이 아닐까.

흘려버린 세월을 찾을 수만 있다면

얼마나 좋을까 얼마나 좋을까.

저 떨어지는 낙엽처럼 그렇게 살아 버린 내 인생은 예~

난 참 바보처럼 살았군요. 난 참 예~

난 참 바보처럼 살았군요. 바보처럼, 바보처럼~ 음~

우~ 난 참 바보처럼 살았군요. 난 참 예~

난 참 바보처럼 살았군요. 바보처럼, 바보처럼~~

아무도 없는 해변가에서 한바탕 노래를 부르고 나니 마치 자기 모습을 노래한 듯해서 실없이 웃고 말았다. 웃다 보니 불현듯 토마스 윌콕스의 〈고독〉이라는 시의 한 구절이 생각났다. '웃어라, 세상이 너와 함께 웃을 것이다. 울어라, 너 혼자서만 울게 되리라. 기뻐하라, 사람들이 너를 찾으리라. 슬퍼하라, 그들은 너를 떠날 것이다.'

나는 마음을 굳게 먹었다. 성공은 과거나 현재에 좌우되는 것이 아니라, 내일의 성공은 오늘 어떤 준비를 하느냐에 따라 결정된다고 생각했다. 그 준비로 첫째, 지금까지 보다는 조금 영악해져야겠고 둘째로는, 가정에 충실해지기로 했다. 나는 해변 가 바위에 걸터 앉아 해지는 낙조가 황홀해 넋을 바라보면서 이런 생각 저런 생각에 젖어 시간 가는 것을 잊고 있었다. 갑자기 사방이 어두워졌다. 바닷가의 밤은 순식간에 찾아온다. 미처 숙소를 정하지 못했는데 해가 저물어 버려 그냥 곧바로 집으로 돌아가기로 했다. 초행길인데다가 지방 도로인 터라 길이 낯설고 어두워서 고속도로까지 가는데 많은 시간이 걸렸다. 점점 큰 도로로 나오면서 도로표지판도 잘 보이기 시작했다. 두 시간 정도 헤매다 보니 고속도로 입구 안내 표지판이 나왔다. 안내판을 따라 고속도로에 오르니 마치 집에 다 온 것 같은 안도감이 들었다. 내 마음도 그와 같이 뭔가 제 길을 찾은 듯 했다. 뭔가 희미하지만 안내판을 본 것처럼. 돌아오는 차 속에서 나는 다짐을 했다.

'그래, 포기할 것은 빨리 포기하고 다시 새로운 것을 향해 새 출발을 하자. 인생은 어떤 의미에서 포기의 연속이며 마지막 순간에 모든 것을 버리고 가기 위한 연습이라고 했어.'
나는 서서히 마음을 정리하기 시작했다.

'나는 실패하기 위해 이 세상에 태어난 것이 아니며 나의 핏속에는 실패의 피가 흐르지 않는다. 실패는 성공의 디딤돌이다. 하지만 좌절은 인생을 망치는 악이다. 나에게 시련이 있을지라도 절대로 좌절하지는 않겠다.'
나는 운전대를 힘차게 쥐면서 다짐하고 또 다짐을 했다.

여행이란 일상으로부터의 탈출이다. 비록 잠시 여행을 다녀왔지만 그동안 나 자신을 진솔하게 되돌아 볼 수가 있었다. 집으로 돌아 와서 내가 가장 먼저 챙긴 일은 그동안 엉망이었던 일상을 정상으로 돌려놓는 것이었다. 그동안 시기적으로 연말이 가까운 데다가 실직으로 매일 하던 아침 운동을 거의 못했다. 나는 할 수 없이 헬스클럽을 찾아보기로 했다. 남산에 있는 헬스클럽은 시설은 낡았지만 역사가 오래되어 회원들이 거물급 인사가 많은 곳으로 유명하다. 그래서 청운의 꿈을 품은 일부 정치 지망생들은 일부러 기다려 가면서 회원이 되려고 안간힘을 쓴다고 한다. 하지만 나는 그런 목적으로 헬스클럽에 가는 것이 아니기 때문에 집 근처로 알아보았다. 건강을 위해서 투자 한 번 하자라는 굳은 결심으로 등록을 했다. 아침 운동을 다시 시작한 후에 나의 새벽일과는 예전대로 돌아 왔다. 나는 타고난 아침형 인간이라서 초저녁잠이 많지만 새벽에 쉽게 일어났다. 약 6개월간의 짧고도 긴 실업자의 나날은 거의 대동소이했다.

새벽 5시 30분. 새벽 자명종 소리에 잠을 깨 잠자리에서 일어난다. 이제 어느 정도 습관이 되어 자명종이 울리기 전에 일어날 수도 있지만 그냥 습관상 계속 자명종을 맞추어 놓는다. 간혹 술에 만취 상태이거나 늦게 잠자리에 들었을 경우에는 깜박할 수가 있기 때문이다. 나는 부시시 일어나 겨우 양치질과 눈곱만 닦는 고양이 세수를 하고 간단히 빵과 요구르트를 챙겨 집을 나선다. 아파트 문을 나서면 새벽을 여는 많은 사람들이 분주하게 움직이고 있다. 신문을 돌리는 아이들, 우유를 배달하는 아저씨, 그리고 순찰을 도는 경비원 그리고 새벽 운동을 나가는 아줌마들, 이들 모두가 적막 같은 새벽을 깨우는 사람들이다. 항상 같은 시간대에 같은 곳에서 만나기 때문에 정겹게 아침 인사를 건넨다.

"안녕하세요, 좋은 아침입니다"
"오늘은 조금 늦으셨네요."
"날씨가 제법 쌀쌀해졌지요"
"그럼, 수고하세요."

나는 '브르릉'하는 자동차 시동소리로 새벽적막을 깨고 아파트 주차장을 나와 수영장으로 향한다. 새벽 공기의 싱그러움을 만끽하며 하루를 시작하는 것이다. 집 근처에 있는 헬스 클럽을 향하는 자동차 안에서 라디오를 켜고 라디오 영어 회화를 듣는다.

"안녕하세요. 오 아무개의 영어 강좌입니다."

차를 운전할 때, 예전에는 주로 음악을 들었으나 요즈음에는 자기 개발에 조금이라도 보탬이 되기 위해 영어 회화 프로그램으로 바꾸었다.

6시 30분. 헬스클럽에 도착하면 많은 사람들이 일찍 나와 운동을 하고 있다. 아침 기온이 싸늘하지만 수영복으로 갈아입고 샤워를 한 다음 수영장으로 향한다. 맑은 물의 차가운 감촉은 조금 남아 있던 잠을 싹 쫓아내고 상쾌한 기분을 만들어 낸다. 건강은 정성과 관리이다. 하지만 현대인은 너무나 바빠서 건강을 돌볼 사이도 없이 매일 전쟁을 치루고 살고 있다. 체력이 국력이라고 체력이 강해야 직장과 가정 두 마리의 토끼를 잡을 수 있다는 일념으로 하루도 거르지 않고 열심히 운동을 했다. 찬 물 속으로 뛰어들어 덜 깬 잠을 깨고 난 후 약 40분간 1km를 논스톱으로 수영을 한다. 수영을 마친 후 뜨끈한 탕 속에 몸을 던져 뭉쳐진 근육을 푼다. 그때서야 몸의 모든 기능이 제대로 돌아온다. 몸이 정상 상태로 돌아오면 자주 만나는 발가벗은 새벽 운동 동지⁽²⁾들과 인사를 나눈다. 헬스클럽에 나온 지 1주일이 되니 시설을 이용하는 데에 어느 정도 익숙해 졌다. 마음의 여유가 생겨나니 주위 사람들의 얼굴이 보이기 시작했다. 아침 운동을 마치고 집에 도착해서 제일 먼저 조간신문을 약 20분에 걸쳐 훑어본다. 일단 현대 직장인은 다방면에 지식을 가지고 있어야 했다. 고객의 취향에 맞는 대화를 하기 위해서는 세상 돌아가는 이야기도 알아야 하기 때문이다. 신문을 보면서 스크랩(scrap)할 부분을 표시해 두었다가 나중에 오려 보관한다. 신문을 훑어보고 나서 바로 컴퓨터를 켜고 밤새 들어온 이메일과 인터넷을 통해 각종 정보를 찾아본다. 매일 고정적으로 하는 정보사냥 시간이다. 언젠가 다시 찾아 올 기회를 위해 미리 미리 준비해 두는 것이다. 몸도 마음도 그리고 정보도 앞으로 펼쳐질 나의 미래를 위해 재충전한다.

"아빠, 오늘도 회사 안 갔어?"
학교를 마치고 돌아온 아들이 나를 보고 물었다.
"응, 휴가 중이야. 다음 주에 나갈 거야."

엉겁결에 둘러대고는 정말 어디라도 나가야겠구나 생각했다.

자고로 남자는 아침에 출근해 저녁에 들어와야 한다. 그동안 너무 집에만 있었더니 이웃에서도 수군대는 소리가 들렸다. 그리고 무엇보다도 학교에서 일찍 돌아오는 아들 보기가 민망했다. 현직에 있을 때는 스카우트 제의도 많았지만 백수일 때는 아무도 거들떠보지도 않았다. 나름대로 여러 곳에 이력서를 넣었다. 한결같은 대답은 자리가 없다는 것이다. 때마침 불어 닥친 닷컴 열풍이 사라지는 시기라서 그동안 늘렸던 조직과 인원을 정리하는 중이었다. 세상은 이렇게 냉정했다. 나는 인생 공부를 많이 하게 되었다. 하는 수 없이 다시 창업을 할까 생각했으나, 막상 자금이 없었다. 집에서 마냥 기다릴 수 없어 형님 사무실에 나갔다. 강의와 출장으로 바쁜 형님은 거의 사무실을 비웠다. 나 혼자서 책도 보고 여러 곳에 연락을 하고 이것저것 구상을 하며 시간을 보냈다. 예전처럼 퇴근 시간 무렵에 집에 들어갔다. 이런 일상을 반복한 지 5달이 지난 어느 날.

"영안이냐, 나 큰형이다"
전화를 자주 하시지 않았던 큰 형님으로부터 전화가 왔다.
"네, 접니다."
"그래, 요즈음 어찌 지내나?"
내가 쉬고 있는 것을 알고 먼저 통상적인 안부를 물었다.
"네, 이곳저곳 알아보고 있습니다."
"다음 주에 시간을 내서 우리 그룹의 컴퓨터 회사인 S정보에

가 봐라."

"S정보요?"

닷컴 열풍으로 모든 그룹에서 컴퓨터 계열사를 만들고 있었
다. S그룹 역시 2년 전에 회사를 설립하고 영업과 인원을 조정하
고 있었다. 같은 업종이라 소식을 알고 있었다.

"내가 부탁해 놓았으니, 이 번호로 전화해서 만나 보도록 해
라."

형님이 불러준 전화번호와 윤 상무의 이름을 받아 적었다. 그
로부터 2개월 뒤 나는 S정보에 입사를 하게 되었다.

충전(充電) – 재도약을 준비한다

삶을 경험하지만 말고 삶을 통해 성장하라. – 에릭 버터워스

이 세상이 하나의 학교라면, 상실과 이별은 그 학교의 주요 과목이다. 상실과 이별을 경험하면서 우리는 필요한 시기에 우리를 보살펴 주는 사랑하는 이들, 또는 전혀 알지 못하는 사람들의 손길을 자각하기도 한다. 상실과 이별은 우리의 가슴에 난 구멍이다. 하지만 그것은 다른 사람으로부터 사랑을 이끌어 내고, 그들이 주는 사랑을 담을 수 있는 구멍이다. 우리 인간은 상실 없이는 성장도 있을 수가 없다. 상실이라고 하면, 우리는 대개 사람, 목숨, 가정, 돈 같은 중요한 것들을 잃는 경우를 떠올린다. 하지만 상실이 주는 배움을 통해 어느 순간 당신은 삶에서 하찮게 여기던 것들이 얼마나 중요한 것인지 깨닫게 된다. 자신에게 닥친 불행은 피할 수 있지만 스스로 만들어 낸 불행은 극복할 수 없다. 모두가 나름대로 문제를 가진다. 하지만 겸허함을 갖는다면 그 짐을 지는 것은 어렵지 않다. 문제는 맞서 싸우기 위해 주어진 것이다. 문제에 굴복해서는 아무 것도 해 낼 수가 없는 것이다. 인생을 살다 보면 항상 굴곡은 있고 넘어질 경우도 있기 마련이다.

중요한 것은 넘어졌을 때의 마음가짐이다. 에리히 프롬의 '소유냐, 존재냐'(to have or to be)에서 '운명이 너에게 도달하도록 허용한 지점이 어디이든 간에 지금 존재하는 곳에서 완전히 존재하라.'고 했다.

실패에서 다시 일어나 새로운 도전을 하기 위해서는 몸과 마음을 재충전할 필요가 있다.

평상시에는 우리는 일의 노예라고 해도 과언이 아니다. 우리는 가장 좋은 때를 일에 매달려 살다가 은퇴 후에야 비로소 자유를 되찾는다. 하지만 우리의 몸은 몇 십 년 동안의 일과 스트레스로 이미 망가지고 병들어 있다. 가까이에서는 보이지 않지만 조금만 떨어져 멀리서 보면 주변 풍경이 보이기 마련이다. 잠시 쉴 때 우리는 우리의 모습을 제대로 볼 수 있다. 그래서 휴식 시간에는 최대한 휴식을 취하고, 업무시간에는 열심히 일만 하는 습관을 가질 필요가 있다. 잠시 쉬는 시간을 허송세월 할 것이 아니라 무언가 새로운 원동력을 준비해야 한다. 그와 같은 원동력 중에 가장 소중한 것이 바로 건강이다. 우리의 마음과 신체는 하나다. 그리고 우리의 마음과 신체, 자연도 하나다. 그래서 건강은 총체적인 존재이다. 생명을 가진 존재라면 규칙적인 운동을 해야 한다. 두려움과 긴장과 같은 모든 소극적인 사고는 신체의 균형을 망가뜨리고, 즐거운 생각이 건강한 몸을 만든다. 신체는 생각의 노예다. 그래서 몸과 마음은 하나인 것이다. 우리는 성공을 위해

전력투구를 한다. 그러면 성공의 3기본 요소는 무엇일까? 건강한 신체와 건강한 정서 그리고 건강한 재정이다.

'건강이란 질병이 없거나 허약하지 않다는 것만을 말하는 것이 아니라 신체적, 정신적, 사회적으로 완전한 안녕 상태를 의미한다.'라고 세계보건기구(WHO)가 정의한 건강의 의미에 최근 영적(靈的)인 차원이 포함되었다. 히포크라테스는 '진정한 의사는 당신의 마음속에 있다'라 했으며, 펠레티에 교수도 '건강의 핵심 요소는 마음가짐이다'라고 했다. '나이는 숫자에 불과한 것이다'라는 광고 문구처럼 우리의 나이는 시간에 의해 결정되는 것이 아니라 건강과 성격에 의해 결정된다. 건강은 평소에 챙겨야 한다. 그리고 건강할 때부터 건강에 신경을 써야 한다. 건강한 몸과 마음을 위해서는 생활 습관을 길러야 한다.

첫째, 몸을 함부로 하지 말고, 둘째, 운동으로 나쁜 식습관을 고쳐야 한다. 셋째, 수명을 단축시키는 흡연과 나쁜 식습관을 버려야 하며, 넷째 식사는 조금씩 여러 번 나눠 먹고 과식을 삼가하며 오랫동안 씹어 먹어야 한다. 다섯째는 잘 익은 과일과 신선한 채소는 많이 먹도록 하며, 여섯째로는 충분한 수면을 취해야 한다. 건강이 있는 곳에 자유가 있다. 건강은 모든 자유 중에서 으뜸가는 것이다. 건강한 몸과 자유로운 마음에서 열정과 도전 의식이 싹트기 때문이다. 이보 전진을 위한 일보 후퇴를 할 때, 새로운 재도약을 위한 몸과 마음을 모두 재충전해 놓아야 한다. 그리고 주어진 기회가 오면 주저함 없이 움켜쥐어야 한다. 세상에 완성이란 없다. 실패가 있는 미완이 삶의 참모습이다. 그러기에 삶은 반성이며 가능성이며 항상 새로운 시작이다.

승자와 패자

패자는 시간에 끌려 다니고
승자는 시간을 관리한다.

패자는 생각이 없이 기계적으로 일하지만
승자는 생각하고 난 다음에 체계적으로 일한다.

패자는 즉각적인 만족을 위해 사소한 것을 먼저 하지만
승자는 장기적인 만족을 위해 중요한 것을 먼저 한다.

패자는 '언젠가 거기'에서 시작하겠다고 계획만 하지만
승자는 '지금 여기'에서 곧바로 실천한다.

패자는 뭔가 할 수 있는 시간에도 아무 것도 하지 않지만
승자는 아무 것도 할 수 없는 시간에도 뭔가를 한다.

패자는 문제의 변두리에서 맴돌지만
승자는 문제의 핵심으로 뛰어든다.

패자는 게으르지만 항상 분주하고
승자는 부지런하지만 항상 여유가 있다.

우울할 때면 나는 목청껏 노래를 부를 것이다.
슬플 때면 나는 가슴을 펴고 큰 소리로 웃을 것이다.
두려움을 느낄 때면 나는 더욱 용감하게 나갈 것이다.
아픔을 느낄 때면 나는 두 배로 일할 것이다.

Magic Tips

불안함을 느낄 때면 나는 목소리를 더욱 높일 것이다.
열등감을 느낄 때면 나는 새 옷으로 갈아입을 것이다.
가난하게 되었다면 나는 앞으로 얻을 부를 상상할 것이다.
무능력하다면 난 과거의 성공을 회상할 것이다.
삶이 무의미하게 느껴진다면 나의 목표를 생각할 것이다.
이제 나는 나의 감정을 지배하는 법을 배울 것이다.
자신감이 넘칠 때 나는 과거의 실패를 떠올릴 것이다.
얻고자 하는 것을 다 얻었을 때 나는 배고픈 날들을 기억할 것이다.
바라던 뜻을 이루었을 때 나는 경쟁상대를 생각할 것이다.
득의양양하고 있을 때 나는 부끄러웠던 날을 기억할 것이다.
독선적으로 변했을 때 나는 바람을 멈추려 노력할 것이다.

자기 격려의 신조

• 과거는 미래가 아니다.
• 실패가 없다면 성공은 없다.
• 하늘이 미룬다고 해서 거절을 의미하는 것은 아니다.
• 모든 일이 일어나는 데는 그 목적이 있다.
• 중요한 것은 어떤 일이 발생했는가가 아니라 어떤 일을 해야 하는 가이다.
• 나는 나의 생명에 책임감을 가져야 한다.
• 어떤 일을 개선하고 싶다면 먼저 나 자신부터 바꿔야 한다.
• 내가 할 수 없는 일이라도 나는 반드시 해야 한다. 꼭 해내야 할 일은 나는 해낼 수 있다.
• 성공하는 사람은 절대 포기하지 않는다. 하지만 포기하는 사람은 절대로 성공할 수 없다.

별을 달다

　많은 시행착오와 방황 끝에 다시 직장인으로 돌아왔다. 예전에 했던 컴퓨터 프로그래머(programmer)가 아닌 전혀 다른 영업 사원으로 변신을 했다. 직종을 바꾼다는 것은 자기 자신을 환골탈태(換骨脫態)시키는 것이다. 하지만 대기업에 입사하는 과정은 호락호락하지 않았다. 기본적인 서류 전형과 담당자 면접은 누구나 거치는 대로 별 문제없이 순조롭게 진행되었다. 통상적인 채용절차에서 문제가 생긴 것이 아니고, 최종 직책과 급여로 기나긴 싸움이 시작되었다. 협상 상대인 S정보의 인사 담당자는 깐깐했다. S그룹의 이미지대로 바늘로 찔러도 피 한 방을 안 나올 정도로 야무졌다. 여러 정황과 자료를 제출하면서 어떻게든 낮은 직책과 적은 급여를 합리화 시켰다. 나 역시 그룹의 급여체계를 모르니 어찌 대응할지 몰라 당황스러웠다. 한마디로 적을 모르고 싸우는 전쟁이었다. 마침 다행인 것은 작은 형님이 최근에 S전자에서 퇴직하셨기에 많은 조언을 해 주었다. 많은 도움이 되었다. 급여 협상에서 통상 입사자가 불리한 상황이지만 회사 역시 약점이 있었다. S정보는 최근 조직을 확대하면서 금융사업부를 신설했는데 부장이 공석이었다. 은행 출신 유경험자를 찾았는데 3개월 동안 못 찾았다. 이런 정보를 접한 큰 형님이 나를 추천한 것이었다. 협상에 유리한 칼자루를 쥐게 된 나는 약 1개월간의 밀고 당기는 씨름 끝에 부장 1호봉으로 입사를 하게 되었다.

"몇 시가 퇴근 시간이지요?"

나는 총무 팀장에게 물었다. 그는 의아한 듯이 당연한 것을 새삼스럽게 왜 묻느냐는 표정이었다.

"네, 부장님. 오후 7시입니다"

그는 간단명료하게 답했다.

"오후 5시가 아닌가요? 나인 투 파이브(9 to 5)"

나는 의아해서 다시 물었다. 그랬더니 그는 오후 5시 퇴근이라는 말에 깜짝 놀라서 답했다.

"우리 회사 규정에는 9시~6시입니다. 그리고 시간외 1시간을 하면 7시가 정시 퇴근입니다."

그는 규정을 들이대면서 설명을 했다. 공공기관은 통상 9시~5시인데, 사기업에서는 점심시간 1시간을 빼기 때문에 6시가 된다. 그리고 급여 보전 차원에서 의무적으로 시간외 1시간의 수당을 주었기 때문에 퇴근시간은 자연히 7시가 된다는 것이다. 은행에서 5시에 정시 퇴근하던 나에게는 대기업의 하루는 정말 길었다. 금융기관에 있다가 사기업에 와보니 문화 쇼크가 이만저만이 아니었다. 은행에서는 휴가나 출장 중에는 나의 일을 옆 동료가 맡아서 처리했는데, 여기서는 아무도 대신하지 않는다. 결국 돌아와서 밀린 일을 모두 처리해야만 했다. 반면에 의사결정은 훨씬 빠르고 간결했다. 대부분 팀장 또는 부장 전결로 이루어진다.

은행에서는 해외출장을 갈 때는 최소한 3주전에 결제를 받고 나서야 가능했는데, 바로 그날로 결제를 받고 다음 날 떠났다. '수주', '손익', '영업이익', '인당 생산성', '납기' 등 업무에 사용하는 용어도 많이 달랐다. 처음 3개월은 시간이 어떻게 지나갔는지 몰랐다.

한 분기(分期)가 지나고 업무가 한 바퀴 돌고나니 서서히 감을 잡을 수 있었다. 분기 결산을 마치고 연말 결산까지 끝내고 나니 완전히 적응이 되었다. 새로운 직장 문화와 새로운 업종으로의 전환은 쉽지 않았다. 직장생활에 적응이 되고 나니 다시 쳇바퀴 도는 다람쥐 인생으로 돌아왔다. 때 마침 그룹 역시 구조조정이라는 변화의 소용돌이에 휩쌓이게 되었다. 그로부터 3년 동안, 나는 물불 안 가리고 발로 뛰는 영업에 온몸을 던졌다.

"그래, 이번 이현택 이사는 발탁 케이스라며, 마흔여덟 살이래"

미국에서 박사학위를 받고 최근에 스카우트한 이현택 연구소장이 임원으로 승진한 것이다.

"아니야, 이제부터 임원 대상에서 50세가 넘으면 자동 탈락이야, 도리어 이 이사가 정상인 셈이지."

"그러면, 김 부장은 어찌 되는 거야, 1순위였다고 들었는데."

"그러게, 인사는 뚜껑을 열어 봐야 한다니까."

한 해가 가기 전에 그룹의 임원 승진 발표가 있는 날이다. 직원들은 모이기만 하면 인사 관련 이야기를 했다. 아침부터 삼삼오오 짝을 지어 이번 임원 승진에 대해 품평회가 시작되었다. 직장인으로서 가장 바라는 것은 월급이 오르는 것과 승진하는 것이다. 급여는 매년 조금씩 인상되는 것이 관례이기 때문에 급여 인상만으로는 직장인에게 큰 보람을 느낄 수가 없다. 하지만 승진은 아마도 직장인들이 가장 소망하는 것이고 그 감동은 매우 크다.

그런데 나는 이번이 승진에서 두 번째 누락이었다. 작년에는 첫 번에 바로 승진하는 것이 여간 어려운 일이 아니라는 것을 알기에 스스로 크게 실망하지 않았다. 하지만 이번만큼은 나름대로 신경을 써 가며 준비도 했고 업적도 열심히 챙겨 괄목할 만한 실적도 쌓았다고 자부를 했다. 그래서 내심 기대가 컸던 것도 사실이다. 들리는 소문에는 나이가 결정적이었다는 후문도 있어 착잡하지 않을 수 없었다. 45세로 잘랐다는 소문이 돌아 여간 불안하지 않았는데 그 우려가 현실로 나타나 새까만 후배들이 나를 추월한 것이다. 회사는 경륜보다는 참신함을 선택했다. 승진한 이현택 이사가 인사를 왔다.

"이번에 선배님이 꼭 되셔야 하는데…"
이 이사의 입에 발린 위로의 말이 나의 마음을 더욱 더 상하게 하였다.
"아니야, 뭐, 다 될 사람들이 되었는데 뭘, 축하해 이 이사, 앞으로 잘 부탁해, 아 참! 이제부터는 말 놓으면 안 되는 데 미안해."
"아니예요, 선배님 편하신 대로 부르세요."

아무리 능력 중심의 발탁 승진이라고는 하지만 나는 추월한 후배에게 존댓말을 쓰는 것이 매우 거북스러웠다. 모두들 승진을 축하하는 분위기에서 살짝 빠져 나와 조용히 자리로 갔다. 나이 50이 넘으니 모든 일이 예사롭게만 느껴지지는 않는다. 신문기사 하나도 남의 이야기가 아닌 나 자신의 이야기처럼 느껴질 때가 많아졌다. 최근 신문에 50대의 사망률이 높다는 기사가 눈에 들어올 때도 나는 과연 어떤가 하는 의구심에서 자세히 읽은 기억이 난다. 지금의 50대는 성장 시대의 주역으로 그저 앞만 보고 질주하는 멧돼지처럼 자기 자신의 안위나 주변여건을 상관치 않고 무작정 달려온 세대이다. 그렇기 때문에 과로로 건강을 해치고 주변을 돌볼 시간과 여유가 없어 많은 문제들이 심각한 상황까지 다다르게 되어 심한 스트레스와 좌절감 등으로 한꺼번에 무너지는 것이다.

　과연 나는 누구인가? 왜 이렇게 살아야만 하는가? 무엇을 위하여 사는가?

　다소 철학적인 질문이지만 한 번은 생각해 볼 필요는 있는 것 같다. 나의 삶의 목표가 나와 나의 가족의 행복한 삶을 위해서 라면 행복의 기준은 무엇이며, 얼마만큼 달성했는가?

　자기성취가 목표라면 성취했는가? 지금의 나는 어느 수준에 있는가? 나와 나의 가족의 행복은, 개인적인 성취도는? 20대에 최고학부를 나와 자력으로 취직하여 자립기반을 마련했고 나름대로 전문 지식을 배워 생계의 수단으로 삼았다. 내 자신도 나의 맡은 업무에 자신감을 갖고 3,40대를 살아 왔으나 이제 50대에 들어서 보니 하찮은 지식에 지나지 않았다는 것을 깨달았다. 큰 과오 없이 평범한 생활을 해 온 보통사람 내지는 중산층 엘리트(elite)로 살아왔다고 자부했다. 대기업의 부장으로 차기 임원을 바라보면서 자기 분야에서 실력가라고 자부하고 있는데 과연 그러한가? 그렇다면 지금 당장 회사를 그만두면 — 즉 대기업의 허물을 벗은 나는 전문가로 지금 이상의 대우와 가치를 인정받을 수 있는가? 그렇지 않다면 나는 과연 무엇인가? 큰 빚진 것 없고 집안에 큰 병 없으며 좋은 직장에서 고급 간부로 품위유지하고 있

지만 무언가 허전하고 이렇게 살라고 한 것은 아닌데 하는 회의
가 자주 들었다.

　매년 12월마다 한바탕 인사 열풍이 지나 갔지만 세월은 흘러
또 다시 새해가 밝았다. 하지만 나는 아직도 마음을 완전히 정리
못하고 방황하고 있었다. 회사 역시 신년하례 등으로 아직 일손
이 잡히지 않은 상태였다.

　새해 벽두에 낯선 전화를 받았다.

　"김영안 부장이시지요, 저는 〈브레인〉의 박상희라고 합니다."

　"네, 제가 김영안입니다만 실례지만 누구시라고 하셨지요?"

　처음 들어보는 회사에 이름에 낯선 사람의 전화라서 다시 물
었다.

　"네, 〈브레인〉의 박상희입니다, 혹시 〈서치펌〉(Search Firm)이라
고 아시지요, 저희 회사는 〈서치펌〉입니다"

　"아―, 네― 〈헤드헌터〉(Head Hunter) 회사 말입니까? 그런데 제
이름은 어떻게 아셨나요?"

　"네, 그건 말씀드릴 수가 없고요, 시간 좀 내 주시겠습니까?
만나서 드릴 말씀이 있는데요"

　나는 내심 기분이 언짢았다. 무슨 수사기관이라도 된 것처럼
취재원을 보호한다고 비밀이라니, 단도적인 행동이 괘씸해 그냥
끊어 버리려다가 약간의 장난끼와 호기심이 발동해 약속을 했다.

"글쎄, 시간이 많지는 않지만 내일 오후에는 시간이 좀 있기는 한데"

"네, 그러세요, 오후 3시쯤 괜찮으세요, 괜찮으시다면 제가 회사로 찾아뵙겠습니다."

"네, 그러세요"

나는 엉겁결에 시간 약속을 해 버렸다. 귀신같은 정보망을 가진 사람들이 바로 〈헤드헌터〉들이다.

〈헤드헌터〉라는 단어에서 주는 어감이 이상해서 자기들 스스로는 〈서치펌〉 또는 〈익제큐티브 서치펌(Executive search firm)〉이라고 부른다. 먹이를 보면 놓치지 않는 사냥꾼의 기질을 가진 사람들의 집단이다. 대기업의 인사가 끝나면 하이에나처럼 탈락한 후보자들을 집중 공략하고 있는 것이다. 나는 괜히 약속을 했다는 후회도 들었지만 한 번 부딪쳐 보자는 호기심이 그런 걱정을 밀어내 버렸다.

다음 날, 오후 2시 50분. 안내 데스크에서 전화가 왔다.

"안내 데스크입니다. 김 부장님 손님이 찾아 왔는데요."

나는 잠시 딴 생각에 젖어 있었다.

"찾아 올 손님이라, 약속한 기억이 없는데"

"박상희씨라고 하는데요, 그리고 3시에 약속을 하셨다고…"

그 말을 듣고 서야 기억이 났다.

"어 그래, 직원을 보낼 테니 올려 보내세요."

여직원이 1층 로비로 내려가 박상희를 데리고 올라 왔다. 단아하게 차려 입은 양장에 똘망똘망한 눈빛이 전형적인 직장 여성이었다.

"조금 놀라셨지요? 죄송합니다. 저는 브레인에 근무하는 박상희입니다"

명함을 꺼내 정중하게 인사를 했다. 명함에는 브레인의 이사 직함이 찍혀 있었다.

나도 명함을 건넸다. 몇 가지 덕담을 나눈 뒤에 본론으로 바로 들어갔다.

"회사 이름을 밝힐 수는 없습니다만 최근 인기가 있는 인터넷 회사에서 임원급 경영자를 구하고 있습니다. 제가 조사한 바로는 김 부장님이 적임인 것 같아 추천하려는데, 의향이 어떠신지요?"

갑작스런 제안에 당황한 나는 반사적으로 거절을 했다.

"뭐, 제가 그럴 재목이 되나요? 저를 너무 과대평가해 주셔서 고맙습니다. 저는 지금 회사가 제 체질에 맞는 것 같습니다"

나는 박 이사의 제안을 거절 하려다 보니 마음에 없는 말로 둘러 대었다.

"네. 그러세요. 잘 알겠습니다. 천천히 시간을 두고 생각해 보신 후에 연락을 주시지요."

박 이사는 첫 대면이라서 길게 강요하지 않고 순순히 물러났다. 나는 도깨비에 홀린 기분이었다. 그리고 나는 이런 인터뷰가 무슨 부정한 행위라도 저지르고 있는 듯한 죄책감에 사로 잡혀 주위를 둘러보았다. 하지만 내심 한편으로는 '이 참에 한 번 옮겨 봐' 하는 마음의 갈등이 생긴 것도 사실이었다.

세월은 어김없이 흘러 또 한 해가 저물어 가고 있었다. 또 다시 마지막 달인 12월에 들어서자 겨울 기색이 완연해서 날씨가 많이 쌀쌀해졌다. 비단 날씨뿐만 아니라 회사의 분위기도 쌀쌀해졌다. 연말이 점점 다가오자 회사 안에서는 역시 인사에 관한 소문이 무성해졌다. 그만큼 소문이 많다는 것은 시기가 임박했다는 것을 의미한다. 별의 별 설도 많고 하마평도 하루가 멀다고 바뀌었다. 실적이 좋은 사람은 승진 희망에, 저조한 사람은 구조 조정에 이래저래 분위기는 썰렁해 지고 있다. 나도 자연 관심이 많을 수밖에 없었다. 이번이 세 번째로 마지막 기회였다. 작년에 나이 제한이 신설되어 항상 마음에 걸린다. 해를 거듭할수록 나이는 계속해 늘어나기 때문에 더욱 불리해 지는 것이다. 나는 첫 해에는 회사 내에 인지도가 낮아 실패하고 두 번째는 젊은 피를 수혈한다는 분위기 때문에 탈락을 한 경험이 있어 이번은 바짝 긴장하고 있었다. 하지만 상황은 작년과 많이 달랐다. 승진에 가장 기본이 되는 업적 면에서 괄목할 만한 업적을 많이 세웠다. 금융 부문에서 최대의 실적을 올려 회사의 명성을 대외로 과시했고, 주어진 금년 목표도 초과하여 1천억 원을 돌파해 최대의 실적을 쌓았기 때문이다. 단지 회사 여건과 분위기가 문제였다. 최근에 닷컴(Dot.com)의 거품이 빠지면서 복고풍으로 돌아가는 것이 세계적 추세이고, 우리나라도 예외는 아니었다. 전 세계를 흥분의 도가니로 몰아넣었던 광기가 사라지자 다시 기본으로 돌아온 것이다. 자연스럽게 영업의 중요성이 강조되고 있었다. 그동안은 풍부한 자금 덕분에 영업을 등한시 했으나 이제는 자금줄이 막히면서 영업만이 살 길임을 뼈저리게 느낀 것이다.

살아남은 일부 닷컴에서도 영업의 중요성을 인식하고 영업을 강화하고 나섰다. 젊은 기술과 노련한 영업을 조화시키려는 움직임이 활발히 전개되고 있었다. 기술은 단기간 체계적인 교육으로 개발이 가능하지만 영업은 오랜 기간 축적된 경험이 바탕이 되므로 하루아침에 영업의 대가가 될 수 없기 때문이다. 이런 시대적 추세에 발맞추어 일성 그룹도 신, 구 혼합형 인사를 하기로 했다는 소문은 나에게 한 가닥 희망을 주는 소식이었다. '지켜보고 있는 물은 안 끓는다.'는 속담처럼 좀처럼 인사의 뚜껑이 안 열려 초조하기 그지없었다. 아무래도 좋은 인사를 하기 위한 산고(産苦)가 큰 모양이다. 긴축 경영으로 대상자의 폭이 줄었다가 다시 사기 진작 차원에서 예년 수준으로 늘렸다가 하는 바람에 결국은 해를 넘기고 말았다. 나는 예년처럼 노심초사하면서 새해를 맞았다. 이제나 저제나 하던 인사가 임박했다는 소문이 돌았다.

오늘은 아침부터 괜히 흥분되고 안절부절이었다. 내심 평안하게 행동하려 해도 조바심 나는 것은 어쩔 수 없었다. S정보에서는 0순위라서 안전하다고는 하지만 인사는 마지막 뚜껑을 열 때까지는 아무도 장담할 수 없는 것이다. 며칠 전부터 나에게 좋은 소문은 나돌아 알고는 있지만 그동안 두 차례나 물망에 올랐다가 좌절을 맛보았기 때문에 안심을 할 처지는 아니었다. 게다가 들려오는 소문은 매일매일 바뀌기 때문에 어느 누구도 장담하기가 어려웠다. 이번 인사는 그룹 창사 이래 최소한의 승진이라고도 하고 또 예년 수준이라고도 하고 설왕설래하는 소문은 나의 마음을 흔들어 놓기에 충분했다. 겉으로는 초연한 척 마음을 비웠다고는 하나 어디 사람 마음이 그리 쉽게 비워지는 것인가? 아무 일손도 잡히지 않고 전화기만 뚫어지게 보고 있었다.

'따르릉, 따르릉' 두 번이 울리자마자 나는 급히 전화를 들었다.
"네. S정보 금융영업부 김영안입니다"
"행님! 접니다, 글쎄 섣부른 이야기인지는 몰라도, 축하드립네다. 형님!"
평소 정보통으로 소문이 나있는 최 부장이 평안도 사투리를 흉내 내면서 전화를 했다.
"아직 공식 발표가 안 났는데 무슨 소리야, 최 부장 괜히 부정타게 헛소리 하지 마"
나무라는 듯이 말하는 나의 목소리에는 약간의 안도가 섞여 있는 어투였다. 최 부장이 전화를 할 때에는 거의 확정적이라는 감을 잡았기 때문이다. 최 부장은 그룹 정보시스템 담당 부장으로 가장 빠른 소식통이기 때문이다.

"알겠심더, 하여간 축하 드립니더, 나중에 한 턱 톡톡히 내셔야 해요"

최 부장은 자기 할 일을 다 했다는 듯이 전화를 끊었다. 나는 최 부장의 전화를 받고 좀처럼 마음이 가라앉지 않았다. 한동안 조용하던 사무실이 조금씩 웅성거리기 시작했다. 나름대로 정보를 얻은 직원들이 하나 둘 인사차 방문을 한 것이었다. 전에 같이 있었던 공공사업부의 윤 부장이 반갑게 축하인사를 한다.

"사실 어제 저녁에 믿을 만한 소식통으로부터 소식은 들었으나 워낙 인사는 뚜껑을 열 때까지 아무도 장담할 수 없어 말씀 못 드렸습니다, 축하드립니다. 김 이사님"

윤 부장이 안주머니에서 복사지를 한 장 꺼내 밀면서 축하인사를 했다. 그룹 승진자 명단을 복사한 종이인데 두 번째 장에 '〈승진〉 S정보 이사 김영안'이라고 인쇄되어 있었다. 나는 그 문서를 확인하고서 그제서야 환하게 웃었다. 잠시 윤 부장과 덕담을 나누고 있는 데 갑자기 사무실 전체가 술렁거렸다. 승진 내용이 공식으로 이메일로 전파가 된 것이다. 드디어 인사의 뚜껑이 열린 것이다. 잠시 후 총무팀장이 공식 승진 인사를 인쇄해서 가져왔다. 담당 사업부장이 임원으로 승진을 한 것이다. 사업부의 최대 경사가 난 것이다. 직원들이 모두 일어나 박수로 열렬히 축하를 해 주었다.

"이사님, 축하드립니다."

승진 메일이 뜨자마자 나의 전화통이 북새통이 되었다. 계속되는 축하 전화로 전화기를 놓을 새가 없었다. 통화중이라 직원들 전화로 오는 축하 전화도 많았다. 언제 어떻게 알았는지 화분이 들어오기 시작했다. 아마도 정보가 빠른 협력사는 미리 알고 있었지만 타이밍을 맞추느라고 기다렸던 것이다.

"사장실인데요. 김영안 부장님 계신가요?"

사장실 여직원이 전화를 했다.

"네, 제가 김영안인데요."

"아— 참, 제가 실례를 했네요. 김 이사님. 사장님께서 저녁 7시 '초가집'에서 승진한 임원들과 저녁을 하시자는 데요. 괜찮으시지요?"

임원 승진자들과 축하 만찬을 가지자는 전갈이었다. 나는 약속시간 30분 전에 사무실을 나왔다. 사장과 만찬을 하기로 한 한식집은 회사와 멀지않은 곳에 위치해 걸어가기로 했다. 벌써 해는 져서 밖은 자동차의 불빛과 광고판의 네온사인으로 불야성을

이루고 있었다. 축하 전화로 정신이 없었던 사무실과는 매우 대
조적이었다. 한 10여분 걸었더니 〈초가집〉이라는 간판이 들어왔
다. 안으로 들어서니 예약되어 있는 방에 두 사람이 먼저 와 있었
다. 전무로 승진한 한 상무와 같이 승진한 유 이사가 먼저 자리를
잡고 있었다. 모두 각자 축하를 받느라고 정작 승진자끼리는 인
사도 못 나누었다.

"축하합니다, 김 이사"
"축하합니다, 한 전무님"
조금 있으니까 사장이 들어왔다. 총 4명의 임원급 승진자가
모였다. 최후까지 경합이었던 유 이사는 아직도 충격에서 못 벗
어 난 듯 믿기지 않는 표정으로 매우 굳어 있었다. 그 심정을 이
해한다는 뜻으로 사장이 첫 술잔을 건넸다.
"유 이사, 마음고생이 많았지?"
옆에 앉아 있던 박 전무가 농담을 한다.
"아니 아직 이사가 아니에요, 신고식을 해야 이사지 아직은 그
냥 유 부장입니다. 하, 하, 하"

호탕한 웃음에 좌중의 딱딱한 분위기는 풀렸고 서로 덕담과
술잔을 나누면서 만찬을 즐겼다.
"김 이사. 이제는 술 좀 줄이지, 강 이사가 관리부서에서 경비
많이 쓴다고 어찌나 성화를 대는지, 원."

사장은 나에게 술잔을 건네며 너스레를 떨었다. 사장은 실은 경비보다도 나의 건강을 더 염려해서 하는 말이다. 사실 그동안 나는 영업 실적을 채우느라 몸 사리지 않고 접대 술을 마셨다.

"네, 앞으로 자제하도록 하겠습니다."

술잔을 비우고 사장께 권했다. 사실 내가 영업으로 진로를 바꾸는 데 술도 한 몫을 한 셈이다. 매번 호탕하게 술을 사는 친구의 모습에 '나도 영업을 하면 저리 되겠지'하는 생각도 들었다. 하지만 그 좋던 술도 자기가 좋아서 마셔야 기분도 좋지 억지로 먹는 것은 정말 고역이었다. 그 친구 말대로 몸이 견딜 수가 없었다. 요즈음은 가급적이면 저녁 약속을 피하고 있는 실정이다. 갑자기 내 핸드폰이 진동을 했다. 좌중이 눈치 채지 못하게 조용히 방 밖으로 나와 전화를 받았다.

"여보! 나야, 당신 오늘 승진했다며, 축하해!"

나는 사무실에서 축하 인사에 답하느라고 정신이 없어서 정작 집에는 전화를 하지를 못했다.

"으응, 하도 바빠서 깜박했네, 그런데 어떻게 알았어?"

"지난번 연말 파티에 사회를 보던 강 과장이 전화를 해 줘서 알았지. 오늘 늦지? 술 많이 마시지 말고 몸 조심해."

아내가 조금 섭섭해 하는 눈치이다. 내가 정신없이 바쁜 모습을 보고 총무팀의 강 과장이 집에 전화를 한 것이다. 한편 미안하기도 하다. 아무리 바쁘기로 집에 전화 한통 못해주고 그 기쁜 소식을 직원을 통해서 듣게 한 나는 마음이 아팠다. 어쨌든 알았으니 마음이 놓였다. 전화를 끊고 다시 술좌석으로 돌아왔다. 약주를 과하게 하지 않는 사장이기에 저녁 자리는 8시 반 경에 무사히 끝났다. 각자 대기한 승용차에 몸을 싣고 떠난 후 나는 부리나케 전화를 했다. 이제나 저제나 눈 빠지게 기다리고 있는 팀장들 회식 자리에 참석하기 위함이었다.

"이 팀장, 김 부장입니다, 지금 어디세요?"
"부장님, 아니 이사님, 어디세요? 우리는 일차 끝내고 이차에 와 있습니다. 빨랑 오세용."
"어디야? 그리고 몇 명이나 모였어?"
"강남역 뒤에 〈크리미〉 아시지요, 팀장들 모두 하고요 총무팀 강 과장을 포함해서 6명입니다"
〈크리미〉는 내가 고객을 접대할 때 가끔 애용했던 전문 음식점이다.
"알았어, 택시 타고 곧 갈게"
택시에서 내려 가게에 들어서니 벌써 한 순배가 돌아 분위기가 좋았다.
"조용!. 조-오-용!, 이사님이 오셨으니까 모두 건배!"
강 과장이 약간 혀가 돌아간 어조로 건배를 했다.

"이사님 승진을 진심으로 축하드립니다."

술잔은 잡을 수 없을 정도로 빨리 돌았다. 고객 접대 술자리
에서 요령을 피우던 나였지만 오늘만큼은 요령을 피울 수가 없었
다. 아니 아무 부담 없이 마음껏 취하고 싶어서 일부러 피우지 않
았다. 나는 거의 만취 상태가 되었다. 술기운이 어느 정도 오르자
밴드가 들어 왔다.

"오늘 같은 날 이사님 18번을 한 번 들어야 쓰것습니다. 잉-"
강 과장이 호남 사투리를 흉내 내면서 재빠르게 마이크를 나
에게 건네주었다. 나는 그동안 접대용으로 신세대 노래도 많이
연습했지만 오늘만은 웬지 애창곡인 '마이 웨이(My way)'를 부르고
싶었다. 나는 마이크를 잡고 애창곡인 '마이 웨이'를 부르기 시작
했다.
'앤 나우 디 앤드… (And now the end)'
마치 지금까지 살아온 인생을 뒤돌아보는 듯이 눈을 지긋이
감고 분위기에 젖어 들어갔다. 점점 톤이 높아지고 노래에 흠뻑
빠져 열창을 하고 있다.
'아이 디 딧 마이 웨이(I did it my way)――' '나는 나의 길을 갔다.'
나의 머리 속에는 지난 일들이 주마등처럼 스쳐 갔다.

"임원의 근무시간은 몇 시까지?"

나는 인사팀장에게 물었다.

"하루 24시간, 주 7일입니다"

팀장은 아주 명쾌하게 답했다. 우문현답(愚問賢答)이다. 임원에게는 따로 근무시간이 정해지지 않았다. 언제 어디서든 일이 있으면 그 일을 처리해야 한다. 승진 다음 날 집에 컴퓨터와 팩스가 설치되었다. 그 당시는 인터넷이 활성화되지 않은 시절이었다. 하지만 S그룹은 독자적인 통신망을 가지고 있었다. 집에서도 전자결재를 할 수 있는 환경을 갖춘 것이다.

제품 개발에서 영업으로 바꾸고 은행원에서 대기업의 영업으로 변신한지 8년 만에 직장인의 꿈인 임원, 별을 달았다. 군대에서 별, 즉 장군이 되면 100가지가 달라진다고 한다. 기업에서 임원이 되면 그에 못지않게 많은 것이 달라지는 것이 많다. 일단 급여가 달라지는 것은 물론이고 독자적인 사무실에 비서, 그리고 자가용과 골프 회원권 등 각종 복지가 달라진다. 그리고 업무추진비를 쓸 수가 있다. 작은 기업의 임원과는 달리, 대기업의 임원이 되는 데는 평가하는 방식이 다르다. 특히 S그룹의 임원심사는 까다롭기로 유명하다. 계열사 자체적으로 하는 것이 아니라 그룹 차원에서 심사를 한다. 직원 승진의 경우 평가는 실적이나 전문 기술 중심으로 평가 하지만, 임원이 될 사람은 그보다도 인성(人性)을 중시한다. S그룹은 상사, 동료 그리고 부하 직원의 평가를 종합하는 다면평가(多面平價)를 최초로 실시한 그룹이다. 임원은 회사를 대표하는 인물로 리더십은 물론 인간관계에서도 원만해야만 한다. 고객은 물론 직원들과의 관계를 중시하고 있다.

임원이 되어서 좋아지는 것만 있는 것은 아니다. 임원이 되면 직원처럼 근로기준법의 보호를 받을 수 없다. 임원은 노동자가 아니라 경영자이기 때문이다. 상법상으로는 기업의 임원은 3년 임기가 보장되어 있다. 하지만 공기업에서는 상법상의 임기가 보장되지만, 사기업에서는 그렇지 못하다. 대부분이 주주총회에서 선임되는 등기 임원이 아닌 경영상 필요한 미등기 임원이기 때문이다. 미등기 임원은 매년 실적에 의해 평가되며, 거취가 결정된다. 다시 말하면, 1년짜리 하루살이 같은 인생인 셈이다. 신분 보장이 안 된다는 의미이다. 그래서 임원은 '임시 직원'의 줄인 말이라고도 한다.

열정(熱情) – 인맥을 넓힌다

훌륭한 인맥을 얻고자 한다면, 먼저 자신을 상대에게 맞출 줄 알아야 한다.

– 아이오코카

　'모든 비지니스는 사람, 제품, 이익으로 압축된다. 이 중에서 사람이 가장 중요하다.'라고 아이오코카는 비지니스에서 사람과의 관계를 중시했다. 비지니스맨이 되기 위한 10가지 조건은 1. 유창한 영어 능력, 2. 제 3 외국어, 3. 기획 분석력, 4. 정보력, 5. 미래 전망과 냉철한 판단력, 6. 글로벌 매너, 7. 프리젠테이션 기술, 8. IT 사용 기술, 9. 도전의식과 열정 그리고 마지막이 바로 인간관계이다.

　또한, 인터넷 설문 조사에서는 활력 있는 직장 생활을 위해 가장 필요한 것에 대해서는 인간관계 (34.4%)가 가장 높았으며, 건강 (21.5%), 업무 만족 (19.9%), 여유로운 마음(14.7%) 순으로 나타났다. 반면에, 직장인들의 70% 이상이 인간관계로 가장 스트레스를 많이 받는다고 했다. 이처럼 인간관계는 직장인에게는 떼어 낼 수 없는 불가결의 요소이다. 그렇다면 우리 직장인의 인맥은 어느 정도나 될까? 한 조사에서 직장인의 인맥 범위는 남성이 66명, 여성이 44명으로 평균 57명으로 조사되었다.

하지만 인맥은 하루아침에 이루어지는 것이 아니다. 인간 관계는 노력과 시간의 집적이다. 신용의 집적이라고도 할 수 있다. 흔히들 20대는 기체의 시대, 30대는 액체의 시대, 40대는 고체의 시대라고 한다. 아무 형체도 없이 그저 꿈에 부푼 20대를 지나 30대에 들어서는 무언가를 만들어 낼 수 있는 시대가 된다. 40대에는 이미 굳어 버려 새로운 관계형성이 어렵다. 30대에 반드시 형성해 놓아야 할 것이 바로 인간관계이다. 하루라도 빨리 시작하면 그 만큼 인맥은 두터워지고 깊어진다. 인맥을 넓히는 데는 두 가지 방식이 있다. 첫째는 기존의 인간관계를 유지하는 일이다. 둘째는 스스로 개척 정신에 입각해 새로운 인간관계를 만드는 일이다. 그리고 인간관계의 시작은 근면이고, 마무리는 관리이다. 일기일회(一機一會)라는 말이 있다. 어리석은 사람은 인연을 만나도 모르고, 보통 사람은 인연을 알고도 살리지 못하고, 현명한 사람은 소매만 스쳐도 인연을 살려 낸다. '약자는 기회를 기다리지만, 강자는 기회를 만든다.'라고 프랜시스 베이컨은 말했다. 특별한 기회가 당신의 눈앞에 나타나기만을 기다리지 말고 모든 평범한 기회를 움켜잡아 당신의 손안에서 특별하게 바뀌게 해야 한다. 대부분의 소극적인 사람들이 인맥을 만들지 못하는 이유를 자기 성격 탓이라고 생각한다. 그러나 성격보다는 자신의 의지에 달려 있다. 새로운 인맥을 구축할 때 가장 나쁜 방법은 자기에게

만 도움이 되는 쪽으로 접근하는 것이다. 인맥을 구축하는 중요한 요소는 상대에 대한 배려이다. 처음은 재미있는 이야기, 도움이 되는 이야기로 시작해야 한다. 가장 좋은 방법은 상대가 필요로 하거나 상대방이 얻기 어려운 정보를 제공하는 것이다. 사람들이 기대하는 것보다 더 많은 것을 주면, 당신이 기대한 것 보다 더 많은 것을 받게 된다. 인간관계란 실제로 만나서 이야기를 한 횟수가 아니라 진지한 만남의 횟수인 것이다. 다이아몬드는 여러 번 깎을수록 더욱 광채가 나고, 사람은 자기를 버릴수록 빛이나 주변에 많은 사람이 모이게 된다.

인맥관리에 철저한 사람들은 사무실에 출근해서 처음 하는 일이 전화하는 일이다. 전화 거는 일도 치밀한 인맥 관리 계획에 의해 시행한다. 인맥관리는 아무나 할 수 있는 일이 아니다. 이처럼 철저한 계획과 노력이 수반되는 일이다. 상대방이 어느 시간이 한가한지, 취미나 관심사항이 무언지 미리 알아내 적절한 시간에 전화를 한다. 또한 수첩에 한 달에 한 번 전화를 건 사람을 표시하고 간단한 사항을 기록해 둔다. 그리고 점심시간을 최대한 활용한다. 점심시간이야말로 짧은 만남을 통해 상대와 가까워질 수 있는 최고의 시간이기 때문이다. 손쉽게 일반적인 인간관계를 구축하는 방법은 첫째, 한 번 만난 상대라도 이름과 직책을 외워 두고 일주일 안에 연락하고, 둘째, 인맥을 만들고 싶은 상대에게는 반드시 점심 초대를 한다. 셋째로는 상대의 애경사에는 빠지지 않고 참석한다. 특히 조사에는 어떠한 일이 있어도 참석하도록 노력해야 한다. 하지만 중요한 비지니스 상대와 관계를 위해서는 보다 더 철저하게 준비를 해야 한다. 상대의 근황과 취미 등 여러 정보를 사전에 파악해 놓고, 상대와 첫 대면 하자마자 만남의 목적을 꺼내서는 안 된다. 그리고 시간을 두고 상대와 교제 시간을 늘려가면서, 상대의 보조원, 비서 동료들과도 친분 관계를 유지해야 한다. 인간관계를 돈독히 하는 데 비단 만남뿐 아니라 편지나 메일 등을 통해 간접적인 만남도 중요하다. 마음을 담은 편지나 메일이 사람의 마음을 움직인다. 메일이나 편지를 쓸 때에, 상대방 사정에 맞게 쓰고, 도움이 되는 정보를 반드시 주어야 한다. 그렇게 함으로써 상대가 다음 편지를 기다리게 만들어야 한다. 보다 적극적인 방법으로는 선물을 하는 방법이다. 선물은 고마움을 표시하는 기본예절이다. 하지만 선물을 줄 때에는 신중해야 한다. 미처 가까워지지 않은 상태에서 부담스런 선물을 주면 자칫 오해를 불러일으킬 수가 있기 때문이다. 선물은 성의가 들어가야 한다. 그리고 선물의 효과를 극대화하기 위해서는 본인이 사기 힘든 물건을 선물로 주라. 그리고 비단 물건이 아니더라도 상대방이 필요한 것 즉 정보를 주라. 그리고 가급적이면 주변 사람 - 비서나 아내 등을 공략해 일석이조의 효과를 노려야 한다.

폰 만슈타인 장군은 인재의 자질을 네 가지로 분류했다.
'장교에는 네 가지 타입이 있다. 첫째는 게으르고 멍청한 놈이다. 이들은 가만 둬도 별 해를 끼치지 않는다. 둘째는 열심히 일하는 똑똑한 놈들이다. 이들은 작은 부분까지 제대로 파악하므로 훌륭한 참모 장교가 될 재목이다. 셋째는 죽어라 일하지만 멍청한 놈들이다. 위험한 놈들이니 당장 잘라야 한다. 마지막은 똑똑하고 게으른 놈들이다. 이들이야 말로 최고위직에 가장 적합한 놈이다.'

직장 생활 역시 마찬가지이다. 처음에는 '편리한 존재'에서 나중에는 '없어서는 안 될 존재'가 되어야 한다. 다시 말해 프로페셔널이 되어야 한다는 것이다. 프로는 '그럼에도 불구하고'를 자주 쓰고, 아마추어는 '그렇기 때문에'를 주 무기로 사용한다. 인맥의 프로가 되기 위해서는 여러 어려움을 '불구하고' 인맥을 넓히고 관리해야만 한다. 인맥을 넓히기 위해서는 함께 있으면 즐겁고 유익한 사람이 되어야 하고, 헤어질 때 다시 만나고 싶은 사람이 되어야 한다.

Magic Tips

인맥을 삼고 싶어 하는 사람들의 공통점

1. 만나면 득이 되는 사람.
2. 이야기 나누다 보면 신이 나게 해주는 사람.
3. 새로운 지식을 얻게 해 주는 사람.
4. 취미가 같은 사람.
5. 유머가 풍부한 사람.

좋은 인간관계 7가지 노하우 - 이시형

1. 친절하라.
2. 남의 고통에 귀를 기울여라.
3. 내게 도움을 준 사람을 생각하자.
4. 당신이 좋아하는 책을 선물하자.
5. 애정만으론 안 된다. 노력을!
6. 칭찬할 일을 찾아라.
7. 받기보다 베풀 일을 찾아라.

인맥관리 성공 요인

1. 작은 약속이라도 꼭 지켜라.
2. 정성을 기울이는 사람이 되라.
3. 유용한 시간을 보내라.
4. 모임을 주재하는 사람이 되라.
5. 윗사람과 즐겁게 어울려라.
6. 베풀기를 즐겨라.

상생(相生)의 길을 가다

'그까짓 것, 이 회사 말고는 회사가 없나?'

나는 한동안 어이가 없다가 화가 치밀었다. 감정을 어찌할 수가 없어 애꿎은 담배만 피워 댔다. 지난 주 경영회의에서 마지막까지 판세를 뒤집으려 노력했다. 나는 조금은 감을 잡았지만 이렇게 부서까지 폐쇄될지는 전혀 몰랐다. 마음을 다 잡고 책상 정리를 시작했다. 이때까지만 해도 어느 정도 자신만만했다. '설마, 산 입에 거미줄 치겠느냐?'하는 배짱도 있었다. 나는 이를 악물고 이 사태를 받아들이기로 했다. 구차하게 애걸복걸 하지 않기로 했다. 헌데 문제는 전혀 딴 곳에서 발생하였다. 과연 이 사실을 어떻게 아내에게 말을 해야 하나 생각하니 난감하기 그지없었다. 말은 해야 하는데 차마 말을 못해 차일피일 하루하루를 버텼다.

"당신, 회사에 뭔 일 있어? 요즈음 당신 표정이 안 좋아"

아내는 여자 특유의 예감으로 뭔가를 눈치 챈 것이다.

"아니야, 요즘 일이 바빠 조금 피곤해서 그래, 빨리 자자."

이렇게 얼버무려 둘러대고 잠자리에 들었으나 좀처럼 잠이 오지 않아 뒤척거리며 잠을 설쳤다. 그러나 시간은 야속하게 흘러 결국 그 날이 오고 말았다. 내일부터는 출근을 하고 싶어도 출근을 할 수 없는 처지가 되어 버렸다. 그래서 하는 수 없이 잠자리에서 말을 꺼냈다.

"자냐?"
"아니, 왜?"
"저 말이야--"
"뭔데 말해봐, 사고 쳤어?"
"아니, 사고는 뭘, 다름이 아니고, 나 짤렸어."
나는 죽어가는 목소리로 겨우 말을 했다.
"뭐라고?"

아내는 누워 있다가 마치 죽은 사람이 귀신에 홀려 일어나듯이 벌떡 일어나 앉았다. 결국 자초지종 이야기를 다 주었다. 아내는 끝까지 듣더니 아무 말도 하지 않고 도로 돌아 누웠다. 밤새 간간이 울음을 참기 위해 숨을 거칠게 내모는 소리만 들렸다. 우리 부부는 그 날 한 숨도 자지 않고 뜬 눈으로 날을 세웠다. 회자

정리(會者定離). 만나면 떠나야 하는 것이 인생의 원리이다. 아무리 좋은 직장도 언젠가는 반드시 떠나야 한다.

"사장님, 축하드립니다."
"대박 나십시오."

창업 축하객들이 화분을 들고 개업 축하를 왔다. 나는 강남 대치동 골목의 5층 건물에 작은 사무실을 냈다. 20평 규모의 사무실에 직원 4명으로 시작했다. S정보에 인력을 공급하는 협력회사를 차린 것이다. S정보가 배려한 일종의 '전관예우'였다. 아담 스미스가 〈국부론(國富論)〉에서 분업의 중요성을 강조했다. 생산성 향상에 도움을 주기 때문이다. 현대 자본주의에서 분업은 필수다. 그래서 모(母) 기업과 하청(下請)회사가 생긴 것이다. 모 기업은 핵심 공정에 주력하고, 하청회사는 전문적인 부품을 생산한다. 문자 그대로 서로 상생(相生)해야 할 모델이다. 요즈음은 하청이란 말 대신에 협력회사라고 부른다. 협력회사는 인력 수급 조절, 경비 절감, 전문 분업 등이 반드시 필요하다. 하지만 모 기업의 갑(甲)질이 문제이다. 자사의 이익만을 위해 협력회사를 지나치게 목을 조르고 있기 때문이다. 나는 그런 협력회사를 다시 창업했다. S정보에 개발 인력인 업무개발 프로그래머(programmer)를 조달해주는 인력 공급 회사를 차렸다. 누이 좋고 매부 좋은 동반성장이다. S정보는 비즈니스가 커지면서 많은 인력을 필요로 했다.

하지만 그 많은 인력을 항상 보유하기란 부담이 크다. 그래서 협력회사를 통해 필요시마다 조달해서 업무를 수행한다. 업무가 끝나면 계약관계는 자동으로 끝난다. S정보가 호황일 때는 일감이 많아 많은 인력을 공급했으나, 모기업의 업무량이 줄면서 서서히 공급해야 할 인력이 눈에 띄게 줄어들었다.

"정 과장, 요즈음 뭐하고 있지?"

나는 사무실에 들어서면서 제일 먼저 사무실 책상을 훑어본다. 사무실 한 가운데 현장에 투입되지 못한 직원을 위해 4개의 책상이 마련되어 있다. 그 책상이 휑하니 비어 있으면 기분이 좋다. 모든 직원이 현장에 투입되었다는 의미이다. 오늘은 정 과장이 책상을 지키고 있었다. 벌써 한 달째이다. 정 과장을 회의실로 불렀다.

"예, 이것저것 정리하고 있습니다."

정 과장은 기가 죽어 모기 소리만큼 작은 소리로 대답했다. 나는 무슨 말을 해야 할지 답답했다. 내가 대기업 직원이었을 때 구조조정으로 인원 감축하는 경영진이 야속했었다.

헌데 지금은 입장이 바뀌었다.

"그래, 정 과장 한 달만 더 참고 기다려 보자. 좋은 소식 있겠지."

"네, 사장님 감사합니다."

풀이 죽은 채로 나가는 정 과장을 내 보내고 나는 여러 생각을 했다. 결론은 하나다. 다음 달까지 현장에 투입되지 못하면 하는 수 없이 정 과장을 내 보낼 수밖에 없다. 회사가 이익이 나지 않으면 살아남을 수 없고, 회사가 없으면 직원도 없어진다. 작은 회사에서 인건비는 너무나 큰 부담이다. 경비를 아끼려고 김치찌개 먹을 것을 짜장면으로 줄이고, 소고기 회식을 돼지갈비로 바꾸어 본들 몇 만 원 정도이다. 하지만 한 사람이 놀고 있으면 수백 만 원의 손실이 난다. 협력회사 규모는 아주 영세했다. 정규 직원은 4명 나머지는 모두 계약직으로 꾸려갔다. 나 혼자 모든 것을 책임지는 사업이라 할 일이 너무 많았다. 대기업은 분야별 전문가들이 담당하기 때문에 나는 영업에만 집중할 수가 있었다. 하지만 소기업은 사장이 모든 것을 책임져야 한다. 인력채용, 자금 관리, 모기업 영업, 세무, 결산 등 전 분야를 나 혼자 꾸려 나가야만 했다. 그래서 사장이 망하면 회사도 같이 망한다.

첫 해는 어떻게 지나갔는지 모를 정도다. 모 기업에서 배려 해준 덕택에 영업에는 큰 문제가 없었으나 인력 구하기가 쉽지 않았다. 작은 회사에서 영업과 자금도 어려운 일이지만, 무엇보다도 인력 관리가 가장 힘들었다. 뽑기는 쉬워도 내 보내기는 정말 힘들었다. 사장이 되고 나니 왜 구조조정을 하는지 그 내막을 알 수 있었다. 참으로 힘든 작업이다. 역지사지(易之思之)라는 말이 있다. 입장을 바꿔 생각한다는 뜻이다. 정말로 사장이 되어 보니 그

입장을 이해할 수 있었다.

그런대로 2년 동안 큰 무리 없이 잘 꾸려 나왔으나 항상 '구조 조정'이라는 말 때문에 문제가 생긴다. 모 기업은 거의 매년 하는 구조 조정이지만, 그 여파에 협력회사는 죽고 산다. 모 기업에서 기침을 하면 협력회사는 감기가 든다. 3년차가 되는 해에 갑자기 분위기가 심상치 않았다. 모기업에서 여러 협력회사를 통폐합한다는 소문이 솔솔 나오기 시작했다. 협력회사들은 전전긍긍할 수밖에 없었다. 결국은 내 회사가 통폐합 대상이 되어 버렸다. 회사를 설립하고 3년 만에 자의 반 타의 반(自意半 他意半)으로 회사를 매각할 수밖에 없었다. 직장도 영원하지 않고 사업도 영구히 갈수는 없다. 또 언제 실업자로 변할지 예측이 안 섰다. 〈취업 - 창업 - 실업 - 취업 - 창업〉의 순환을 반복하다보니 어느덧 정년이 다가 오고 있었다. 이제는 무언가 새로운 삶을 계획해야겠다는 생각이 서서히 들기 시작했다.

필요한 자질(資質) 5

배려(配慮) – 서로를 이해하라

쓰다 남은 것을 주지 말라. 그것은 동정이지 베풂이 아니다. 진정한 베풂은 진정한 섬김이다. 거기에는 자기희생이 있어야 한다. – 마더 테레사

　대마불사(大馬不死) 즉 대기업은 망하지 않는다는 속설은 깨지고 있다. 대기업이 망하면 줄줄이 중소기업도 같이 문을 닫는다. 솔직히 중소기업의 운명은 풍전등화(風前燈火)처럼 아주 위태롭다. 정부는 너무나 대기업적인 사고에 빠져 있다. 사실 대기업이 우리 경제를 받치고 있는 것도 사실이다. 하지만 그 대기업이 성장할 수 있는 저변에는 작은 회사들의 도움 덕택이라 할 수 있다. 미국의 경우 소기업을 '패밀리 런 컴패니(Family run company)'라고 부른다. 전체 기업의 80-90%를 차지한다. 반드시 가족이어야 하는 것이 아니라 사원 모두가 가족과 같은 마음으로 회사를 경영한다는 뜻이다. 아무리 작은 기업이라도 확실하게 나아갈 방향을 제시하고, 실행해야 할 것을 하며, 사장이 솔선수범하여 이끄는 회사만이 살아남을 수 있다. 돈을 벌 수 있는 회사, 직원들이 즐겁게 일할 수 있는 회사를 만들기 위해 사장은 물론 모든 직원이 한 마음으로 회사를 이끌어 가야 한다. 대기업은 중소기업을, 사장은 직원을 서로 배려하는 마음이 없이는 회사가 성장할 수 없다. 사장과 직원은 주종(主從) 관계가 아닌 공생(共生)의 관계인 것이다.

Magic Tips

중소기업 사장학(社長學)

1. 창업 후 3년간은 겉모습에 신경 쓰지 말라.

2. 사원을 소중히 여겨라.

3. 차입금을 두려워하지 말라.

4. 절세는 매출 이익이다.

5. 강한 영업부를 만들라.

6. 경영은 숫자로 파악하라.

7. 돈을 써야 할 곳에 써라.

8. 자금 조달할 수 있는 모든 수단을 동원하라.

9. 거래처는 한 순간에 사라질 수 있다.

내 이야기를 쓰다

다시 창업을 하고 한두 해가 지나니까 협력 회사는 그런대로 자리를 잡아가고 있었다. 그 동안 바빴던 일감 역시 한꺼번에 모두 마무리되어 모처럼 한가로운 시간을 보내고 있었다. 이것저것 밀려 놓은 내부 업무를 정리하고 있는 데 전화가 왔다.

'B 솔루션입니다'
나는 수화기를 들고 반사적으로 응답을 했다. 나에게는 아직도 직업의식이 투철하게 남아 있었다.
"저, 김영안씨 계신가요?"
수화기 상대편에서 늙수그레한 목소리로 나를 찾았다.
"제가 김영안입니다. 누구신지요?"
"응, 자네구먼, 나 이학도일세"
이학도, 나는 잠시 머뭇거렸다. 이학도라는 이름의 고객이 떠오르지 않았다.

그러나 나는 곧 이학도가 고객이 아니라 고교 은사였던 것을 기억해 낼 수 있었다.

"아이고, 선생님, 웬일로 전화를 주시고, 죄송합니다. 제가 찾아 봬야 하는데"

고등학교 은사인 이학도 선생님의 전화였다. 나는 죄송스런 마음에 너스레를 떨었다.

"아니, 괜찮네, 참, 사업을 한다고 들었는데 그래 사업은 잘 되고,"

"예, 그럭저럭 꾸려가고 있습니다."

"그래, 잘 된다니 좋구먼, 자네, 바쁠 테니까 바로 본론을 말하지, 자네 책 한 번 써보지 않으려나?"

고등학교 담임선생님으로부터 의외의 제의를 받았다.

"선생님? 지금 뭐라고 하셨습니까?"

"자네 책 한 번 써보라고"

"아니, 선생님, 사업하는 놈이 무슨 책을 씁니까? 시간도 그렇지만 글재주가 없는데."

나는 정중하게 거절을 했다.

"그러지 말고 한 번 만나서 이야기를 나눠 보도록 하지, 어떤가? 내일 점심을 하도록 하지"

나는 선생님의 제안이라 거절 못하고 어정쩡하게 승낙하고 말았다.

"그래, 내일 만나서 못한다고 말씀 드리지, 뭐"

나는 도리어 잘 됐다 싶었다. 모처럼 선생님도 뵙고 그 자리에서 단호히 거절하기로 마음 먹었다.

다음 날 점심 사무실 근처 강남에 있는 냉면집에서 만났다. 선생님은 그 자리에 모르는 사람 한 사람을 대동하고 나왔다.

"인사 하지, 이쪽은 제자인 김영안, 그리고 이쪽은 내 사위인 박찬범이야."

"처음 뵙겠습니다. 김영안이라 합니다."

"예, 말씀 많이 들었습니다. 박찬범입니다."

두 사람은 서로 명함을 교환하고 앉았다. 내가 받은 명함에는 〈도서출판 리더스 대표이사 박찬범〉이라 새겨져 있었다.

"출판업을 하고 계시군요. 몰랐습니다."

인사가 끝나자 선생님은 말문을 열었다.

"이 친구가 이번에 새롭게 출판사를 시작했는데 마땅한 작가가 없다고 해서 내가 자네를 추천했지."

은사께서는 전후 사정을 설명했다.

"아니, 선생님 제가 무슨 작가인가요"

나는 웃으며 답했다. 그러자 박 사장이 사이에 끼어들며 말을 꺼냈다.

"저는 그동안 대형 출판사에서 기획을 맡았었습니다. 그러다 이번에 독립해 첫 작품으로 구상하고 있는 것이 직장인들의 자기

계발서입니다. 새로운 회사의 새로운 기획물을 위해 기존의 전문 작가들의 진부한 내용보다는 현장에서 느낀 것을 생생하게 전해 줄 수 있는 직장인을 물색하고 있었지요, 마침 장인어른과 상의를 하니 김 사장님을 추천 하시더라구요"

박 사장이 이번 배경에 대해 부연 설명을 했다. 하지만 나는 아니라고 생각했다.

"아무리 그래도 그렇지, 제가 글쓰기는 고사하고 책도 잘 안 읽는데…"

나는 말을 하고서는 부끄러워서 말끝을 흐렸다. 정말로 책을 손에 잡은 지가 언제인가 싶었다.

"그래, 무리인 줄 아네. 하지만 자네는 학창시절에 문예반 활동을 했었지 않나, 그냥 진솔하게 자네의 경험을 풀어 나가면 되네. 내가 장담하네, 자네 글 솜씨는 꽤나 좋은 편이었다고."

나는 그 말을 듣고 나니 문득 학창 시절에 문예지를 만든다고 밤샘하던 일이 떠올랐다.

그 당시 문예지를 낸다는 것은 아주 열악한 환경에서의 고된 작업이었다. 원고도 원고지만 등사하느라 얼굴에 검정 투성이었다. 그래도 모두들 즐거운 마음으로 일을 했었다.

잠시 머뭇거리는 나를 보고 박 사장이 거들었다.

"처음부터 완벽하게 글을 다 쓰시라는 의미는 아닙니다. 일단 김 선생님이 겪은 사항에 대해 뼈대를 잡아 주시면 최종 마무리는 전문가에게 검수를 받을 겁니다."

나는 오랜만에 예전의 기질이 살아나는 듯한 느낌을 받았다. 하지만 너무 오래 전 일이라 자신이 없었다.

"그러면, 이렇게 하지요. 일단 구상을 두 페이지 정도 요약해 보시고 그것을 가지고 다시 의논하기로 하시지요."

계속 머뭇거리는 나에게 노련한 박 사장이 유도 심문을 했다. 나는 얼떨결에 고개를 끄덕여 승낙을 해 버렸다.

우리가 이 세상에 존재하는 이유 중 하나가 우리 자신을 '표현함'으로써 우리가 누구라는 것을 세상 사람에게 보여 주는 것이다. 다른 사람과 공유하고 자신을 표현하는 데는 여러 가지 방법이 있다. 어떤 사람들은 그림을 통해서 아름다운 풍경이나 사람들을 그리기도 하고, 어떤 사람들은 시를 통해서, 혹은 아름다운 음악을 작곡해 자신을 그려 낸다.

사람들은 누구나 자기의 이야기를 쓰고 싶어 한다. 자기표현 본능이라고나 할까?

뭔가를 책으로 펴내고 싶어 하는 사람이나 욕구를 '그라포마니아'라고 노벨 문학상 수상자인 밀란 쿤데라는 말했다. 러시아의 대 문호 톨스토이 역시 '사람은 누구나 자기 이야기로 책을 쓸 수 있다'고 했다. 그리고 대부분의 성공하는 사람들은 일기 쓰는 습관을 가지고 있다. 일기란 하루 동안 일어난 중요한 일이나 배운 것을 기록하는 행위로 일종의 반성의 장이라고 할 수 있다. 나는 실로 오랜만에 가슴 속에서 꿈틀거리는 본능을 느꼈다.

'그래, 한 번 해 보는 거지, 뭐'

나는 고교시절 문예반 이후에 글을 자주 쓰지는 않았지만 그동안 틈틈이 일기 형식의 '다이어리'는 써 왔다. 그것을 바탕으로 간간이 사내 지에 기고도 했고 외부 잡지에도 한두 번 칼럼을 쓰기도 했다.

'자, 그렇다면 전체 구상은 어떻게 할까?'

나는 딱딱한 교과서 같은 원리 원칙보다는 직장에서 자주 일어나는 실수담을 중심으로 한 직장 문화에 관한 것을 쓰는 것이 좋겠다고 생각했다. 그리고 흔히 일어나는 직장 예절 에피소드를 2장 써보았다.

"그래, 한 번 보여 주고 안 된다면 그만 두지, 뭘"

가벼운 마음으로 정리한 내용을 박 사장에게 이메일로 전송했다.

박 사장으로부터 몇 시간이 지나지 않아 바로 답신이 도착했다.

"내일 같은 장소, 같은 시간에 뵐 수 있을 까요?"

다음 날, 두 사람은 단 둘이 냉면집에서 만났다. 격식을 차리는 수인사는 생략하고 바로 일 이야기를 했다. 그리고 빠르게 일을 추진했다.

"구상과 초고를 보니 가능성이 보였습니다. 선생님의 구상대로 원고를 만들어 보시지요."

박 사장이 가방에서 뭔가를 꺼냈다. 출판 계약서였다. 박 사장은 다소 성질이 급한 편이라서 일을 빠르게 진행시켰다. 나름대로 업계에서 키워온 감이 있어 쉽게 결정할 수 있었다.

"아니, 이게 뭡니까?"

나는 놀라서 물었다.

"계약을 하시고 본격적으로 글을 써보시죠"

박 사장은 웃으며 계약서를 앞에 내밀었다. 나는 미처 생각할 겨를도 없이 다시 한번 엉겁결에 계약서에 사인을 하고 말았다. 박 사장은 계약서 한 부를 챙겨 가방에 넣으면서 조심스럽게 말을 건넸다.

"책을 쓰실 때 고려해야 할 점은 이야기처럼 들려주셔야 합니다. 그러기 위해서는 힘을 빼셔야 하고요, 그냥 사장님이 경험한 것을 솔직하고 생생하게 써 주시면 됩니다. 두리뭉실한 것 보다는 아주 자잘한 디테일에 신경을 써 주시면 됩니다. 그리고 필요한 정보는 아낌없이 주십시오. 결론적으로는 쉽게 써야 한다는 의미지요"

이왕지사 여기까지 왔으니 이제 앞으로 나가는 일 밖에는 없었다.

'어찌됐든 시도해 보자. 실패해도 나아질 것이다.'라고 나는 생각하고 글을 쓰기로 했다

천리 길도 한 걸음부터라고 했다. 작지만 사소한 첫 걸음이 종내는 큰 결과를 가져올 수도 있는 것이다. 작지만 결국엔 강력한 변화를 불러오는 사소한 힘―그것은 첫 걸음이다.

나는 오늘 그 첫 걸음을 내딛었다.

나는 이미 엎질러진 물이라고 생각하고 나름대로 전략을 짰다. 하기로 약속을 했으면 잘해야 한다는 것이 나의 신조다.

'일단 나의 체험을 디자인하자.' 그리고 글을 쓰는 일정은 6주로 잡았다. 매주 2배씩 쓰는 이른바 '홍길동 옥수수 넘기' 전략을 펴기로 했다. '홍길동 옥수수 넘기'란 홍길동전에 의하면 스승이 홍길동에게 높이뛰기 훈련을 시키는 수련 방법이다. 홍길동에게 키가 큰 옥수수를 뛰어 넘게 하기 위해 스승은 처음에는 옥수수를 심어 놓고 어린 싹부터 뛰어 넘게 했다. 옥수수가 어린 싹 일 때는 쉬웠지만 날이 갈수록 옥수수는 쑥쑥 자라 얼마 안 가서 길동의 키 보다 더 커졌다. 옥수수를 뛰어넘기가 만만치 않았다. 하

지만 홍길동은 매일 연습한 결과 가볍게 뛰어 넘을 수 있게 되었다. 나 역시 이런 방법을 이용해 책을 써보려고 했다. 처음 2장을 기준으로 매주 2배씩 분량을 늘리는 것을 목표로 삼았다. 처음 1~2주까지는 그리 어려운 목표가 아니어서 무난히 써나갈 수가 있었다. 3주차가 되니 8장을 더 쓰려니 여간 힘든 것이 아니었다. 글을 쓴다는 것은 끝없는 번잡과 부질없는 의식의 반복이었다. 어렵게 매주 목표를 달성했지만 4주째가 되니 16장을 보충한다는 것이 거의 불가능하게 보였다. 하루 종일 컴퓨터 앞에 앉아 있어도 전혀 생각이 나질 않았다. 뭔가 꽉 막힌 것 같은 기분이었다. 마치 막다른 골목에서 방향을 못 찾고 헤매는 모습이었다.

나는 잠시 머리를 식히려 밖으로 나와 산책을 했다. 아무런 생각 없이 그냥 걸었다. 자동차 소음이 시끄러운 대로를 걸어 집 근처의 작은 공원으로 향했다. 소음과 적막이 교차 되면서 머리는 조금씩 안정을 찾아갔다. 약 반 시간가량 벤치에 앉아 아무 생각 없이 하늘을 바라다보았다. 그리고는 다시 집으로 돌아 와서 다시 컴퓨터 앞에 앉았다. 글을 쓴다는 강박 관념에서 벗어나 그저 생각나는 단어를 이리저리 검색했다. 대부분의 아이디어는 에너지를 집중하고 있을 때와 긴장을 풀고 있는 중간사이의 변환과정에서 태어나는 것이다. 가장 흔해 빠지고 미천한 것에서 주목할 만한 가치 있는 뭔가를 발견한 것이다. 갑자기 나의 머리에 섬광 같은 생각이 스쳐 갔다. 아이디어는 번쩍 하는 직관으로 찾아

올 때가 많다. 나의 손놀림이 빨라졌다. 정신없이 자판을 두드리며 글을 썼다. 얼마나 시간이 흘렀는지 모르지만 아마도 서 너 시간을 넘게 쓴 것 같았다. 시계를 보니 새벽 2시였다. 헌데 나 자신도 놀랐다. 예정대로 16장을 추가해 32장을 쓴 것이다. 우리는 무언가에 집중하기 전까지는 항상 머뭇거리고 주저하게 마련이다. 무엇이 무수한 아이디어와 계획을 무산시켰는지 모르겠으나 모든 시작과 창조에는 한 가지 진실이 있다. 자신에게 분명히 집중하는 순간, 우리의 본능은 함께 움직인다. 본능이 움직이기 시작하자 그다음의 목표도 어렵지 않게 이룰 수가 있었다. 나는 거짓말처럼 6주 만에 A4 용지 64장 분량의 초고^(初稿)를 마친 것이다. 내가 작업을 착수한 지 한 달 반 만에 첫 작품의 초고가 완성된 것이다. 책은 집중력과 엉덩이 힘으로 쓴다고 한다. 끈질긴 인내로 버텨내야 한다.

비록 짧은 6주의 시간이었지만 그동안 알게 모르게 참고 했던 자료가 수 백 장에 이르렀다. 그리고 가장 큰 도움은 틈틈이 써 놓은 일기 형식의 글인 '다이어리'가 한 몫을 했다.

내가 쓴 글에서는 현재 느끼는 바로 '나'가 중심이었다. 그 '나'가 겪은 바를 털어놓는 수다에서 재미를 느꼈다. 그 수다는 다시 감동으로 그리고 감동에서 재미로 바뀌어 놓았다. 나는 작품을 탈고하고 후련한 마음으로 박 사장에게 보냈다. 딸을 시집 보내는 아버지의 마음이라고나 할까, 한 마디로 시원섭섭했다. 그 동안 나를 짓눌렀던 공은 이제 박 사장에게 넘어 간 것이다. 출판사는 원고가 넘어오면서부터 원고의 수정과 보완 과정을 포함한 책에 관한 전반적 컨셉(concept)을 잡아가는 기획 과정을 시작한다. 원고의 컨셉을 어떻게 잡고, 포지셔닝(positionning)을 어떻게 할 것인지에 대한 생각 때문에 원고의 차례를 몇 번씩이나 바꾸고 원고를 다시 발주하는 일, 정해진 컨셉에 맞도록 원고를 추가하고 보충하는 작업이 이어졌다. 첫째는 작품의 질이고 둘째는 독자들의 정서를 파고든 제목·표지·표지 글, 셋째는 광고 및 마케팅이다. 이와 같은 모든 일은 출판사의 고유 업무이다. 작가들은 대부분 책을 펴낼 때 독자들이 무엇을 원하는지를 염두에 두기보다는 자신이 말하고 싶은 이야기를 일방적으로 쏟아 낸다. 글쓰기의 원초적 행위가 바로 표현 욕구에서 비롯되지만 적어도 독자를 대상으로 한 글임에도 불구하고 그런 오류를 다반사로 범한다. 나 역시 이런 오류를 범했다. 그래서 이런 점을 출판사측에서 지적을 해 주면 물론 그 때마다 나는 원고를 일부 수정하기는 했다. 하지만 그와 같은 일은 그다지 부담이 되는 일이 아니었다. 원고를 수정하는 일은 약 4주 정도 진행되었다. 어느 정도 마무리가 되고 나니 한 동안 출판사에서 연락이 없었다. 나는 궁금했지만 기다릴 수밖에 없었다.

"김 사장님, 오늘 책이 나왔습니다, 저자용 증정본 10권을 택

배로 보내 드렸습니다."

원고 수정이 끝나고 나서 4주 정도 지난 후, 박 사장으로부터 전화 연락이 왔다. 나는 책이 나왔다는 출판사의 연락을 받고 바로 서점으로 향했다. 그동안 남의 책을 사 보러 서점에 들렀는데 오늘은 본인의 책을 사러 서점에 들렀다. 책 진열대에 다른 작가들의 책과 나란히 놓여 있는 자신의 책을 보니 정말 감동 그 자체였다. 나는 너무 감격해서 울컥 눈물이 쏟아지려고 해 고개를 들어 천장을 쳐다보았다.

'해 냈다! 장하다, 영안아'

나는 스스로를 칭찬해 주었다. 그리고 처음 나온 책을 한 권 사고 바로 어머님을 찾아 뵈었다. 첫 작품을 어머니에게 드리고 싶었다. 내 책을 받아 본 어머니는 그저 감격해 아무 말도 못하시고 눈시울을 글썽거리셨다.

"그래, 내 언젠가는 이런 날이 오리라 생각했다"

이렇게 말씀하시면서 어머니는 나의 돌 때를 회상하셨다.

우리 풍습에 돌잔치에서 아이의 장래를 점치기 위해 실과 연필 그리고 돈을 아이 앞에 놓고 잡도록 한다.

"네 큰형은 실을, 그리고 작은 형은 돈을 잡았었는데, 너는 유독 연필을 잡았지, 그래서 너는 글로 크게 될 것이라 생각했다"

나는 씩 하고 웃으며 글 쓰는 본능이 그 때부터 나타난 것일까 하는 생각에 젖었다.

나의 내면 속에 잠자고 있던 본능을 다시 일깨운 것이다.

우리의 심성을 맑게 하는 모든 예술의 밑바탕에는 이야기가 자리 잡고 있다. 음악과 이야기가 만나서 오페라가 되고 노래가 되며, 이야기와 색채 그리고 조형물이 만나면 미술작품이 된다. 이야기와 몸짓이 만나면 무용이 되고 행위 예술이 된다. 이야기가 글을 만나면 책이 된다. 따라서 이야기는 우리 생활 속에 항상 우리와 함께 숨 쉬고 있다. 나는 책이라는 매체를 통해 당당하게 자신을 드러냈다. 자신의 모습을 긍정적으로 가꾸고 성공을 이야기하는 한 권의 책을 만들어 낸 것이다. 글쓰기는 '나'를 말하고 '내 생각'을 강요하며 '내 말'에 귀를 기울이게 만드는 행위이다. 책을 쓰는 일은 당신이 그 동안 열과 성을 바쳐 노력하고 일하고 공부하고 생각한 결과물을 입체화 하는 작업이다. 그렇게 하여 탄생한 당신의 책은 당신의 상징이요, 당신이란 브랜드 자체이다.

필요한 자질(資質) 6

창의(創意) – 자기의 본능을 깨운다

창의성은 자신이 위대하다는 것을 믿는 것이다. – 웨인 드와이어

우리는 흔히 작가라 하면 문학 작품을 쓰는 소설가나 시인을 떠올린다. 그리고 그 작업이란 지극히 어려운 창작 활동으로 알고 도전해 보지도 않고 미리부터 포기하는 경향이 있다. 하지만 오늘날 글쓰기는 특정인의 전유물이나 문학 작가들만의 영역이 아니다. 주변에 흔한 소재를 쉽게 풀어 쓰는 여러 기고문이나 우리 일상을 써 내려가는 방송 작가 등 우리 생활 속에 가까이 있다. 최근 인터넷을 통해 댓글이나 블로그(blog) 등을 통해 자기의 생각을 표현하려는 경향이 날로 늘어 가고 있는 추세이다.

'다른 사람을 베껴라. 자신을 베끼지 말라.' 피카소는 말했다. 자기 작품을 만들 때 먼저 남을 배워야 한다는 의미이다. 남을 베끼는 작업이 바로 남의 책을 읽는 독서다. 독서를 통해 암묵지(暗默智)가 쌓인다. 글을 쓴다는 것은 바로 이 암묵지를 형식지로 바꾸는 것이다. 그래서 좋은 글을 쓰기 위해서는 많은 책을 읽어 암묵지를 많이 모아 두어야 한다. 좋은 독서법이란 첫째, 책을 잘

선택해야 한다. 둘째, 가장 관심 있는 분야부터 읽되 편식은 하지 말아야 한다. 셋째, 한 번에 2.3 권을 같이 읽는 습관을 길러야 한다. 책을 통해 지식을 많이 얻은 사람은 늘 한 발 앞서간다. 아는 만큼 보이고, 보이는 것만큼 먼저 이루게 된다. 헨리 키신저 아버지가 키신저에게 '하루에 네 끼를 먹어라'라고 가르쳤다. 이는 밥 세 끼 먹는 일처럼 책 한 끼를 거르지 말라고 당부한 것이다. 독서처럼 돈 안 드는 오락도 없고, 독서처럼 오래가는 기쁨도 없다. 독서를 그저 단순히 읽는 것에만 그치지 말고 기록하는 습관을 가져야 한다. 비틀즈(Beatles)의 폴 메카트니는 '꿈을 글로 적는 습관이 비틀즈의 성공에 큰 역할을 했다'고 했다. 동양 고전에도 독학기사(讀學記思: 읽고 배우고 기록하고 생각하라)라는 말이 있다. 중요한 것일수록 머리에 남기지 말고 몸이라는 방부제를 쓰라. 기억은 지워질 수 있지만 기록은 지워지지 않는다. 기록이야말로 기억을 지배한다. 우리가 살아가면서 삶을 변화시키는 데 영향을 주는 것이 세 가지가 있다. 첫째, 좋은 사람을 만나는 것이고, 둘째, 좋은 환경을 만나는 것이며, 셋째, 좋은 책을 만나는 것이다. 이처럼 책은 청년에게 음식이 되고, 노인에게는 오락이 된다. 부자일 때는 지식이 되고, 고통스러울 때는 위안이 된다. 그래서 직장인들은 항상 책을 가까이 해야 한다.

현대는 know-where의 시대라고 할 수 있다. 누가 더 빨리 필요한 정보에 접근하느냐가 중요하다. 속도는 그리 중요한 것이 아니다. 어차피 지식의 내용은 큰 차이가 없기 때문이다. 차이는 상상력과 창의력이다. 똑같은 지식이라도 그것이 어떤 맥락에서 어떻게, 또 무엇과 연결되느냐에 따라 달라지는 세상이다. 생각이 다양하고 자유로우면 삶도 그렇게 된다. 그래서 제대로 알면 그만큼 즐겁고 자유롭다. 그 부피만큼 삶도 풍요로워진다. 그러려면 앎이 많아야 하고 그 앎은 넓이와 깊이를 동시에 갖추어야 한다. 많은 사람들이 천재란 보통 사람과 다른, 그들만의 세계가 있다고 믿는다.

하지만 천재가 따로 있는 것이 아니라 아이디어가 천재를 만들어 내는 것이며, 우리 모두는 자신만의 눈부신 아이디어를 활용할 수 있는 능력을 가지고 있다.

인간에게 가장 필요한 조건은 무엇일까? 그것은 '머리'와 '가슴'을 유연하게 연결하는 '창의력'이다. '창의'는 '창조'와는 다른 의미이다. 창조가 무에서 유를 만들어 내는 것이라면, 창의는 유·무형의 한계조차 뛰어 넘는 새로운 가치를 창출해 내는 힘을 말한다. 상식적인 문제를 비상식적으로 사고할 수 있을 때 창의력이 생긴다. 창의적인 생각은 어느 날 하늘에서 뚝 떨어지는 것이 아니다. 사실 창의적인 사고를 할 때 사용되는 두뇌 영역은 교통체증을 피하기 위해 고민할 때 쓰는 두뇌 영역과 동일하다. 그래서 아인슈타인은 '왜 나는 샤워 도중에 최고의 아이디어가 떠오를까?'라며 짜증을 내기도 했다.

우리 모두에게는 창조적 코드의 가닥들이 있고, 그것이 우리의 상상력 안에 회로처럼 얽혀 있다. 창의력은 키우는 것이 아니라 유도하는 것이다. 우리 속에 잠재되어 있는 창의력을 깨워 나만의 이야기를 창조해 낼 필요가 있다. '사람'이 즐기려는 '사물', 그로 인해 발생하는 '사건'의 의미를 잘 파악하는 사람이면 누구나 글 쓰는 일에 도전해 볼 가치가 있다.

Magic Tips

창의력을 키우는 독서 10계명

1. 잘 생긴 나무를 택하라 : 능동적으로 찾아 읽어라.

2. 넓은 숲을 거닐어라 : 많이 읽어라.

3. 뿌리를 짚어라 : 깊게 생각하라.

4. 함께 나눠라 : 수다도 힘이다.

5. 멀리 보라 : 트렌드(trend)를 읽고 예측력을 길러라.

6. 가로로 읽고 세로로 생각하라 : 아이디어 교차점을 찾아라.

7. 메모하고 실행하라 : 메모가 인생의 흐름을 바꾼다.

8. 멘토(mentor)를 만들어라 : 책 속에 삶의 지도가 있다.

9. 시간을 경영하라 : 아침 독서는 하루치의 비타민이다.

10. 쾌감지수를 높여라 : 맛있어야 손이 간다.

창의력

- 창의력은 신속한 결정을 내릴 수 있게 한다.
- 창의력은 잘못된 결정을 재빨리 시정할 수 있도록 한다.
- 창의력은 타인에 대해 두려움을 갖지 않도록 한다.
- 창의력은 성공을 지불해야 할 대가를 명확히 이해하도록 한다.
- 창의력은 다른 사람과 함께 나누어야 할 행복과 경험, 기회들을 이해할 수 있게 한다.

제2부
그곳에 업이 있었다

7

시간 강사에서 대학원장까지

"형님. 저희 대학에 와서 강의 좀 해 주시지요."

매월 둘째 월요일에 만나는 〈두월회〉 멤버인 한성식 교수가 뜬금없이 강의요청을 해왔다.

두월회는 매월 둘째 월요일마다 모이는 친목계이다.

"뭐, 나보고 강의를 하라니, 고명하신 교수님들 다 어디 두고 나한테 부탁을 하나?"

나는 슬쩍 비꼬았다.

"앗따, 그러지 말고 내 이야기를 다 듣고 나서 답을 하셔야지요."

한 교수 특유의 말버릇이 나오기 시작했다. 한 교수는 한 번 말문을 트면 한도 끝도 없다. 자기가 하고 싶은 이야기를 다 해야만 입을 닫는 스타일이다.

"아, 그러니까, 우리 대학도 체질 개선을 해야 합니다. 그저 고루한 이론 교육에 치우칠 것이 아니라, 산업 현장의 산 경험을 접목시켜야 우리 학생들이 산업 일꾼으로 클 수가 있는 게 아니겠습니까?"

한 교수는 거창하게 서두를 꺼내며 말을 계속했다.

"그러니까 말입니다. 왜 기업에서 학생들을 꺼리는 줄 아십니까? 대학 4년 배운 전공이 현장에서 전혀 쓸모가 없어서 입니다. 그래서 채용을 해서 짧게는 3개월 길게는 1년씩 재교육을 시키지 않습니까?"

나는 조용히 한 교수의 말을 듣고 보니 사실 그러했다. 대학에서 전공을 한 사람도 현장에서 바로 써 먹을 수가 없었다. 내가 있었던 S정보에서도 신입사원을 채용하고 교육을 6개월 정도 했다. 그래도 현장 투입이 어려워 선배들의 보조 노릇을 1년 정도 해야 제대로 일을 시킬 수가 있었다.

이런 이야기가 오가고 난 후 1개월 뒤, 나는 정말로 오랜만에 학교를 찾았다. 대학원을 졸업하고 거의 20년 만에 찾은 것이다. 하지만 지금은 배우는 학생 신분이 아니고 가르치는 강사의 신분으로 학교에 왔다. 신분이야 무엇이 되든지 간에 학교 교정에 들어서니 마치 새로 입학한 학생처럼 마음이 들떴다. 나는 '과연 내가 강의를 제대로 할 수 있을런지?' 하는 의구심을 가지고 강의실에 들어섰다. 강의실 입구에는 '제3강의실: 〈특강, 전자상거래의 동향과 전망〉'이라고 쓰여 있었다. 강의실 문을 열고 들어서니 학생들이 가득 차 있었다. 일단 가득 메운 학생을 보고 압도되었다. 나는 당황해서 말을 꺼내지 못하고 잠시 멍하니 서 있었다. 그 순간 내 머리속에 S정보에서의 일이 주마등처럼 스쳐 지나갔다.

"김 부장님, 내일 3분 발표 순서입니다"

내가 입사한 지 한 달도 채 안되었을 때의 일이다. 하루는 총무를 맡고 있는 조미령씨가 원추형 팻말을 들고 와 내 책상에 놓고 갔다. S정보는 매일 아침 업무 시작과 동시에 팀원들이 모여 3분 발표회를 가진다.
"아니, 저도 해야 되나요?"
나는 입사 한 지 얼마 되지 않아 빼 주는 줄 알고 아무런 준비도 안 했다.

"부장님. 3분 발표는 한 명도 예외 없이 순서대로 하라는 그룹의 지시 사항입니다"
조미령은 사무적으로 말하고 돌아서 자리에 돌아가 앉았다. 나는 갑자기 당황을 했다. 그렇지 않아도 조금 내성적인 성격이라 남들 앞에서 발표한 적이 없는 데 당장 내일 아침에 발표를 하라니. 아무리 '로마에서는 로마법을 따라야 한다'라고는 하지만 나는 아직 마음의 준비가 덜 된 상태였다. 엉뚱한 일로 스트레스를 받게 되었다. 하는 수없이 인터넷 검색을 통해 자료를 찾을 수밖에.

'무슨 주제로 3분간 이야기 하지?'

이리 저리 자료를 검색하다가 자료 하나를 인쇄했다. 다음 날 아침, 나는 여느 때보다 일찍 사무실로 나와 어제 뽑아 놓은 자료를 여러 번 반복해서 읽었다.

"오늘 제가 발표할 주제는 창의력에 관한 이야기입니다. 최근 국내에서 각광을 받고 있는 트리즈(TRIZ)에 대해 말씀 드리겠습니다"

나는 서두를 이렇게 시작하고는 자료를 책 읽듯이 단숨에 읽어 나갔다.

"트리즈는 러시아 특허관리자인 알트슐러가 개발한 '창의적 문제 해결'로써…"

나는 숨도 안 쉬고 정신없이 원고를 끝까지 다 읽었는데 아직 2분이 채 되지도 않았다. 나의 등은 땀으로 흥건히 젖어 있었다. 나는 3분이라는 시간이 이렇게 긴 줄은 오늘 처음 알았다. 머뭇머뭇하다 보니 3분이 되었다. 잠시 후, 팀원들의 박수로 첫 3분 발표를 무사히 끝냈다는 것을 알았다.

갑자기 그 때가 생각이나 잠시 말을 잃고 있었다. 적막이 흐르자 학생들이 의아해 하였다. 나는 정신을 가다듬고 강의를 시작했다.

"오늘 강의를 맡은 김영안입니다. 강의 주제는 '전자상거래의 동향과 전망'으로 현재 우리나라의 전자 상거래의 현황에 대해 설명드리도록 하겠습니다."

일단 차분하게 서두를 시작했다. 하지만 앞으로 80분을 어떻게 끌어가야 할지가 문제였다. 인간은 주의 집중 시간이 40분을 넘지 못한다고 한다. 강의를 시작한 지 30분이 지나니 서서히 조는 학생이 생겨났고 주위가 산만해졌다. 하지만 두 시간 강의 중 중간에 휴식 시간을 가진다는 것은 리듬이 깨져 효율이 떨어진다. 그렇다고 연속해서 강의를 하면 지루해져 그것 역시 문제다. 이리 저리 궁리 끝에 나는 결국 묘안을 찾아냈다. 그래서 첫 40분 강의 후 중간에 퀴즈 시간을 만든 것이다.

"잠깐 분위기를 바꾸는 의미에서 퀴즈 하나 낼 테니 맞춰보세요."

나는 수성 펜을 들어 칠판에 영어 단어를 썼다.

'beauiful'

학생들은 바짝 긴장해 칠판을 쳐다보았지만 도저히 무슨 단어인지 알지 못했다. 나는 빙긋이 웃으며 문제를 냈다.

"이 단어의 뜻이 뭡니까? 이 문제는 넌센스 퀴즈이니 여러 분의 창의력을 최대한 발휘해 보시지요. 물론 정답을 맞춘 학생에게는 상품이 주어집니다."

한 학생이 잽싸게 핸드폰을 꺼내 단어를 조회해 보았다. 하지만 없는 단어였다.

교실은 잠시 웅성거렸다.

한 여학생이 손을 들며 말했다.

"티 없이 아름다운입니다."

나는 박수를 치며 정답을 맞춘 것을 축하해 주었다. 그리고는 지갑에서 도서 상품권을 꺼내 상품으로 주었다. 문화상품권으로 책뿐 아니라 각종 문화 행사에 사용할 수 있기 때문에 학생들에게는 아주 요긴한 물건이라서 상품으로는 적격이었다. 퀴즈가 끝났는데도 대부분의 학생은 왜 그게 정답인지를 몰라 어리둥절했다.

"이 단어는 '아름다운'이라는 beautiful에서 't'가 빠진 단어입니다. 그러니 티(t)가 없는 아름다운 이라는 뜻이지요."

나의 설명을 들고 난 학생들은 박장대소를 했다. 자칫 지루해지기 쉬운 분위기를 중간에 퀴즈를 넣어 주위를 환기 시키고 다시 새로운 기분으로 나머지 강의를 진행했다. 처음에는 긴장해서 조금 더듬거렸지만 S정보에서 3분 발표와 수많은 프리젠테이션

(presentation)으로 단련된 실력으로 강의를 성공적으로 마쳤다. 첫 강의의 반응은 그다지 나쁘지 않았다.

나는 이것이 계기가 되어 그 후로도 여러 차례 특강을 했다. 소문은 소문을 만들어 내고 그 소문 덕택에 학교뿐 아니라 기업체에서도 출강 요청이 들어왔다. 나는 본연의 업무에 지장이 없는 범위에서 강의를 수락했다. 강의를 하다 보니 나름대로 요령도 생겨났다. 나는 강의도 재미있어야 한다고 생각했다. 교육에 재미를 합한 에듀테인먼트(Edutainment)가 되기 위해서 많은 노력을 했다. 철저한 준비와 진행의 조절로 자칫 지루해지기 쉬운 강의를 재미있게 구성했다. 나는 강의를 조금 늦게 시작하고 조금 일찍 끝냈다. 의도적으로 짧게 한 것이 아니라 강의 시간 조절에 만전을 기한다는 뜻이다. 누구나 피교육자가 되면 졸리고 배고프고 지루하기 마련이다. 억지로 시간을 때우기 보다는 가급적 빨리 끝내 주는 것도 나름대로의 교수 방법이었다. 이런 교수법 덕택에 한 해, 두 해 지나면서 나에게 강의를 요청하는 횟수가 늘어났다. 이런 출강으로 용돈 벌이가 짭짤했다. 꼭 강의료 때문이 아니라 내가 알고 있는 경험과 지식을 후배들에게 전달함으로써 시행착오를 줄여 주자는 뜻에서 선뜻 강의를 맡았다. 뿐만 아니라 강의 시간에 젊은 후배들을 볼 때마다 나는 같은 동년배 같은 생동감도 느꼈다. 그리고 강의를 열심히 들으면서 정리하는 모습을 보면 무언지 모르게 마음이 뿌듯했다. 강의를 한다는 것이 꼭 학생에게만 좋은 일이 아니라 나 자신에게도 일석이조(一石二鳥)의 효과가 있었다. 강의료 수입도 있고 강의를 준비하다 보면 나 스스로도 많은 공부가 되기 때문이다.

"형님, 오늘 저녁 시간 있어요?"

한 교수가 오랜만에 갑자기 전화를 해 저녁을 먹자고 했다.

"별 약속은 없긴 한데, 무슨 일 있어?"

나는 한 교수가 그저 단순히 저녁 사 달라고 전화 한 것 같지 않아 물었다.

"그러면, 이따 7시에 한국갈비에서 봬요."

한 교수는 일방적으로 약속을 하고 전화를 끊었다.

나는 대강 사무실을 정리하고 음식점 〈한국갈비〉로 갔다. 부지런한 한 교수가 미리 와 앉아 있었다.

"무슨 일이야, 집에 쌀 떨어졌어? 아니면 제수씨하고 싸웠나?"

나는 너스레를 떨면서 핀잔조로 말을 건넸다.

"형님, 내가 그렇게 한가한 놈으로 밖에 안 보입니까?, 형님은 나를 우습게 봐도 한국대학교에서 고참 교수입니다."

한 교수는 언짢은 듯 대꾸를 했다.

"아니, 농담이고, 그런데 무슨 일로 갑자기 호출하셨나요?"

"다음 학기에 정식으로 한 강좌를 맡으시지요."

"아니, 이 사람 특강은 몰라도 내가 대학 강의를 어떻게 맡아, 나는 교수도 아닌데"

아닌 밤중에 홍두깨라더니 바로 그 짝이었다. 하지만 한 교수는 진지하게 말을 계속했다.

"그러니까, 다음 학기에 시간 강사로 한 강좌 맡아 보시고 학생들 반응이 좋으면 겸임 교수를 해 보시지요."

"겸임 교수?"

나는 처음 듣는 말이라 의아해 물었다.

"요즈음 대학에서는 정식 교수 말고 산업 현장에서 경험이 많은 산업 일꾼들을 겸임 교수로 계약해 현장 경험을 강의하고 있지요, 왜 있잖아요, 유명 배우라든지, 요리 전문가 등 말이에요."

한 교수의 설명을 듣다 보니 뉴스에서 그런 이야기를 들은 것 같았다.

"그래도 그렇지, 그런 사람은 다 한 가락 하는 사람들 아니야, 나는 그냥 비지니스맨인데"

"지난 번 특강이 학생들로부터 반응이 아주 좋았어요. 그래서 우리 학과에서는 형님 같은 베테랑들의 산 경험을 필요로 한다니까요."

둘은 저녁을 먹으며 옥신각신하다가 일단 한 학기만 강의를 해 보기로 했다. 나는 또 다른 새로운 경험을 하게 되었다. 막상 승낙을 해 놓고 나니 할 일이 한 두 가지가 아니었다. 한 학기 동안 강의 교안을 만들고 강의준비를 하느라 정신없이 보냈다. 다행히 강의 내용이 지금 컨설팅 업무와 연관 있어 그나마 준비에 많은 도움이 되었다.

나는 초등학교 시절을 떠 올렸다. 선생님이 장차 커서 무엇이 되고 싶은 지를 물었다.

"저는 대통령이요"

만수가 제일 먼저 대답했다.

"저는 장군이요"

학급의 왈패인 용식이 말했다.

"저는 과학자요"

새침떼기 현숙이 답했다.

거의 대부분의 학생이 이런 저런 희망을 이야기했지만 나는 조용히 앉아 묵묵부답이었다.

선생님은 그런 나를 보고 물었다.

"영안이는 나중에 커서 무엇이 되고 싶으냐?"

나는 머뭇거리다 모기만한 소리로 겨우 답했다.

"선생님이요."

아이들은 나의 희망에 모두 웃어 버렸다. 난 창피해서 한 동안 고개를 들지 못했다.

나의 기억 속에 아주 선명하게 남아 있는 장면이었다. 비록 비정규직인 교수지만 이제서야 나는 그 꿈을 이룬 것 같았다. 어려서 동경했던 직업이 교사였고, 그 동안 직장 생활을 하면서 틈틈이 외부 강의도 나갔다. 그리고 남을 가르치는 것 즉 강의나 강연 등에 남들보다는 소질이 있었던 것 같다. 대학시절 아르바이트도 인기가 있었고, 은행에서도 교육 프로그램을 만들고 직접 강의도 했다. 하지만 처음부터 바로 교수가 된 것은 아니다. 첫 시작은 시간 강사이다. 주어진 교과목을 맡아 강의를 한 것이다. 시간 강사는 비정규직, 즉 아르바이트이다. 시간 강사는 지위도 불안하고 강사료도 박하다. 솔직히 시간강사로는 생계유지가 어렵다. 그래서 시간 강사 문제가 요즈음 사회 이슈가 되고 있다. 첫해 나의 시간 강사료는 그 당시 시간당 4만 원인데 3시간을 맡아 주당 12만 원을 받았다. 그나마도 방학 때는 강의가 없으니 강의료를 못 받는다. 1년 동안 4백만 원 정도이었다. 이 돈으로는 생계유지가 불가능하다.

그래서 시간 강사들은 여기 저기 대학을 옮겨 다니며 강의를 한다. 통상 교수의 길은 처음부터 교수로 임용되어야 한다. 조교수 – 부교수 – 교수 그리고 은퇴하여 석좌 교수가 되는 것이 정상적인 교수의 코스이다. 시간 강사를 아무리 오래 해도 경력이 인정되지 않는다. 교수 임용에 아무런 혜택이 없다. 하지만 요즈음에는 교수가 되는 길이 넓어졌다. 겸임 교수, 초빙교수, 강의전담

교수, 산학 협력 교수, 객원교수 등 그 직책을 헤아릴 수 없을 정도이다. 겸임교수는 산업계나 예술. 체육계의 명망이 있는 사람을 교수로 초빙하는 것이다. 산학 협력의 일환으로 그들의 경험과 노하우(Know-how)를 학생들에게 전파하기 위함이다. 배우나 선수들뿐만 아니라 기업체의 임원들이 채용되기도 한다. 나는 처음에 시간 강사로 시작해, 겸임교수를 거쳐 초빙 교수가 되었다. 그리고 대학에서 정보대학원장이란 중요 직책도 맡았다. 10여 년이란 긴 세월을 거쳐 한 단계 한 단계 순서를 밟아 올라 간 것이다. 로마는 하루아침에 이루어지는 것이 아니다.

나눔 – 지식을 공유한다

말하라. 그러면 내가 너를 볼 수 있다. – 소크라테스

인간은 사회적인 존재이며 무리 지어 사는 동물이다. 그래서 만약 당신의 생활에 혹은 일에 타인으로부터 도움이 없다면, 진정한 의미의 '성공'은 존재할 수 없다. 남에게 의지하거나 남에게 도움을 주는 방법으로는 봉사가 있다. 봉사는 우리의 삶을 풍요롭게 채우는 좋은 수단 중 하나이다. 봉사는 내가 가진 것을 부족한 다른 이에게 베푸는 것이다.

그것이 물질적일 수도 있고 정신적일 수도 있다. 봉사는 반드시 육체적으로 해야만 하는 것은 아니다. 정신적인 도움 –즉 상담이나 남을 가르치는 것도 일종의 봉사이다. 봉사는 남을 위해서 하는 행동이지만 그것을 통해서 자신의 내부를 채울 수 있다. 그래서 적극적으로 사랑의 봉사를 하는 사람은 건강하게 오래 산다고 한다. 우리 인생에서 무엇이 가장 중요한지 가르쳐 주는 여러 스승을 만난다. 공부는 학자가 되기 위해서가 아니라 더 나은 삶을 살기 위해서 하는 것이다. 교사나 교수라고 하면 전문적인

지식을 지닌 특별한 학자로 생각한다. 학자는 모름지기 공부 하는 데 오랜 시간을 보낸 사람이다. 하지만 그렇다고 해서 그가 무언가를 안다거나 무언가 알만큼 충분히 똑똑하다는 의미는 아니다. 학문은 우리가 더 나은 사람이 되도록 도움을 줄 때만 유익하다. 어렵게 얻은 지식이나 경험을 자기 속에만 묻어 두어서는 안 된다. 다른 사람들과 공유해야 그 지식은 살아있는 지식이 된다. 비록 학문은 아닐지라도 남에게 유익한 지식이나 경험을 나누어 주면 누구나 선생님이 될 수 있다.

꼭 정규 학교의 교사가 아니더라도 우리 생활 속에 우리의 지식과 경험을 나누어 줄 기회는 많다. 취미 활동, 각종 동호회, 자원 봉사 활동, 체육 오락 활동 등 마음만 먹으면 할 수 있다. 사람은 얼마나 가졌는가가 아니라 얼마나 일하는가를 기준으로 사람을 존경해야 한다. 마찬가지로 많이 아는 것으로 존경 받는 것이 아니라 그 지식을 어떻게 베푸느냐에 따라 존경을 받을 수 있는 것이다. 풍부한 지식과 교육은 성공의 가장 필요한 윤활유이다. 그리고 지혜와 의지는 성공의 핵심 열쇠다.

사람들은 누구나 남에게 전수해 줄 지식과 경험을 가지고 있다. 그리고 그 지식과 경험을 나누어 주려고 한다. 삶에서 가장 달성하기 어려운 과업 중에 하나가 지적 잠재력을 충분히 발휘하는 것이다. 생각은 아무리 많이 해도 생각일 뿐이다. 10그램의 실천이 100톤의 생각보다 앞선다. 우리의 삶과 영혼은 타인과 연결되어 있다. 그러므로 타인을 위한 선행은 곧 자기 자신을 위한 것이다. 자신이 습득한 지식을 쌓아 두지만 말고 적극적으로 남들과 공유할 수 있는 방법을 찾아야 한다. 그것이 직업이 되든 자원봉사가 되든 간에.

Magic Tips

변화를 위해

변화 속에는 항상 선물이 있다.

변화의 물결에 몸을 맡겨 보자.

변화에 더 이상 거부하지 말고, 새롭게 각오를 다지자.

미리 준비하는 자가 될 것인가, 나중에 대처하는 자가 될 것인가.

나는 모든 변화에 잘 적응할 수 있다.

이 편안한 삶에 안주하지 말고 떠나자, 미지의 길을 개척해 보자.

익숙한 것과 결별하고 새로운 도전에 맞서 보자.

더 이상 변화가 두렵지 않다.

지금의 내 감정에 충실하자.

나의 미래를 책임질 사람은 바로 나다.

내가 원하는 것을 얻기 위해서 이제 발을 내딛어 보자.

하고 싶은 일을 한다

"오랜 만입니다. 김 교수"
손 사장이 반갑게 맞이한다.
"네, 한 4주 못 뵈었지요?"
"그래, 집안에 별고 있으셨나요?"
정 원장이 물었다.
"아니오, 서울에 일이 있어 다녀왔지요"
"그래요."

간단히 서로의 안부를 묻고 바로 라운드를 했다. 이곳의 불문율(不問律)이 두 가지 있다. 예전에 직업이 무엇인가 하고, 현재 수입은 얼마인가이다. 서로 각자의 인생이 있고 나름대로 사연들이 있다. 그저 같이 만나서 골프를 즐기면 그게 전부다.

"오늘, 모처럼 맥주 한 잔 내기 하시지요"

나는 그간 며칠 못 본 탓에 슬슬 발동을 걸었다.

"허허, 한국 다녀오시느라 돈도 없을 텐데, 정 원하신다면 그리 합시다"

골프장은 한국과 달리 매우 한가롭다. 간간이 은퇴한 노인들 몇몇 사람만 보일 뿐이다.

항상 우리 팀 앞에 나가는 노인 팀을 보며 내가 말했다.

"정 원장, 우리도 저 나이에 저렇게 골프를 칠 수 있을까요?"

우리 앞 팀은 80세가 넘는 뉴질랜드 노인 팀이다. 브라이언(Brian)이 가장 어린 80세이고, 존(John)과 마틴(Martin)은 84세, 그리고 토니(Tonny)는 85세이다. 노인들이지만 전동차도 타지 않고 골프채를 카트(cart:수레)에 끌고 친다. 이들에게는 골프란 스포츠 경기가 아니라 일과(日課)이다. 골프 스코어(score:점수)는 단지 숫자에 불과하다. 매일 건강을 확인하고 담소를 나누며 운동하면 만족하는 것이다.

"우리라고 못 칠 것은 또 뭐 있습니까? 건강관리만 잘하면 되지요."

한의원 정 원장이라 건강 이야기를 꺼냈다. 우리 팀은 평균 70세이다. 나는 앞으로 10년 후에도 저렇게 골프를 칠 수 있기를 바라고 있다. 골프를 마치고 샤워를 하고 클럽하우스에 올라갔다. 한 4주일 골프를 안치다가 치니까 점수는 엉망이었다. 결국 내가 맥주를 사고 말았다.

"그래, 바로 이 맛이야, 세상에서 제일 맛있는 맥주가 바로 이 맥주지."

털털한 손 사장이 생맥주를 한 모금 쭉 마시고 나서 연신 웃으며 말했다.

"허허, 그 뿐 아니라 공짜로 마시니 더 맛있구먼, 그래."

정 원장이 한 술 더 떴다. 네 사람은 쭉 생맥주를 마시며 즐겁게 웃었다. 내가 이런 생활을 한지 어언 10년이 되었다. 이민을 결정하고 이곳을 택한 주된 이유는 바로 골프였다. 나는 내가 원하던 것, 하고 싶은 것을 하고 살기 위해 이 나라를 택했고, 지금 생활에 만족하고 있다.

"당신, 미쳤어!"

내가 처음 이민 이야기를 꺼내자 아내의 첫 반응은 놀람 그 자체이었다. 자다 말고 침대에서 벌떡 일어나 앉았다.

"화만 내지 말고 내 이야기를 잘 들어 봐"

아내는 불을 켜고 고쳐 앉았다. 나와 아내는 한참을 이야기 했다. 그래도 아내는 요지부동이었다.

"아니, 우리 가족에 관한 일을 왜 당신 혼자서 결정해!"

"그러니까, 이렇게 상의하는 것 아니야"

"상의는 무슨 상의, 다 결정해 놓고 통보하는 거지"

사실 그랬다. 나는 이미 마음의 결심을 한 뒤였다. 협력회사 역시 3년 만에 막을 내렸고 조용히 인생 1막을 내렸다. '오륙도', '사오정', '삼팔선'이라는 말은 이제 새삼스럽게 놀랄 만한 말이 아니다. 이제는 26세가 넘어도 취직을 못하고 부모 돈으로 사는 미취업자를 '이유기'라 하며, 20대의 태반이 백수로 놀고 있다는 '이태백'이라는 말도 일상어가 되어 버렸다. 이제는 십 대부터 장래를 생각해야 한다는 '십장생'이라는 말까지 나올 지경이니 말이다. 나는 이런 말들은 그저 코미디 프로에서 웃기려 만들어 낸 말인 줄만 알았다. 그런데 바로 내가 '오륙도' 신세가 되어 버렸다니! 매일 쳇 바퀴 같은 바쁜 일상에서 벗어나고 싶었다. 하고 싶은 일, 그리고 좋아하는 일만 하면서 지내고 싶은 욕심에 결단을 한 것이다. 그동안은 남이 시키는 일, 어쩔 수 없이 해야 하는 일만 해 온 자신이 불쌍해 보였다. 우리 부부 사이 간에 냉전이 한동안 계속되었다. 결국 아내가 나의 의견에 마지못해 승낙을 하고 말았다. 어렵사리 아내의 동의를 얻은 후, 준비는 일사천리로 이루어졌다. 이민 신청 후 6개월 뒤에 비자^(Visa)가 나왔고 그로부터 1년 뒤 뉴질랜드로 이사를 했다.

요즈음 많은 사람들이 이민을 생각한다. 예전에는 주로 생존형 이민이 많았다. 경제적인 이유로 떠났고, 정권탄압을 피해서 해외로 떠났다. 하지만 최근에는 보다 나은 삶을 위해 이민을 가는 경향이 상당수를 차지한다. 한때 아메리칸 드림(American dream)으로 미국을 선호했으나 요즈음은 생활비가 저렴한 동남아도 많이 가고 있다. 장년은 자녀의 교육을 위해, 노년은 자기 삶을 위해 이민을 고려한다. 최근에는 젊은 층조차도 이민을 '헬(hell)조선' 탈출의 한 방편으로 생각하기도 하는 것 같다. 미세먼지 등 환경 요인도 많이 작용하고 있다. 하지만 다른 나라로 이민을 간다는 것은 쉬운 일이 아니다. 한때 제주도 한 달 살아보기가 유행했다. 제주로 이사 가기 전에 먼저 체험하기 위함이다. 같은 나라에서도 사전 조사가 필요한데, 하물며 다른 나라에 갈 때는 사전 답사나 체험을 해 보는 것이 좋다. 외국으로 나가 사는 데는 상당한 적응 기간이 필요하다. 최소한 1년, 그리고 3년 정도 되어야 어느 정도 적응이 된다.

이민을 생각할 때는 여러 요건을 검토해서 결정해야 한다. 이민을 결정할 때 가장 중요한 점은 당위성(當爲性)이다. 왜 가야만 하고 무엇 때문에 가야 하는지를 확고히 해야 한다. 중요한 것은 내가 포기한 99가지가 아니라 선택한 1가지 일이며, 그 일에 대한 당신의 생각과 행동방식이다. 그래서 나는 전원생활도 생각해 봤지만 포기하고 이민을 신중하게 고려했다. 최종적으로 내가 복잡한 한국의 일상에서 벗어나 은퇴 장소로 선택한 곳이 바로 이곳이다. 나는 더 나은 삶을 위해 이민을 결정했다. 내가 하고 싶은 골프를 마음대로 칠 수 있기 때문이다. 물론 한국에서도 골프를 칠 수는 있다. 하지만 비용, 예약, 동반자, 시간, 날씨 등 여러 제약이 따른다. 이곳은 그 모든 것을 충족시킬 수 있는 곳이었다. 비용은 1/10도 안되고, 4계절 골프가 가능하며, 혼자도 골프가 가능하다. 골프장이 집에서 10분 거리에 있고 부대비용도 전혀 안 든다. 한 마디로 골프를 즐길 수 있는 최적의 장소다. 그래서 내가 좋아하는 골프를 하기 위해 왔고, 내가 기대한 대로 만족하고 있다.

이민을 가고자 하는 국가를 선택할 때, 신중히 생각할 것은 선진국이냐, 후진국이냐이다. 동남아나 중국은 이민 절차가 쉽고 생활비가 저렴한 대신에 통신, 의료, 보안 등 사회 안전망이 열악한 측면이 있다. 반면에 선진국은 절차가 까다롭지만 사회 안전망이 잘 되어 있고 경제활동하기도 비교적 쉽다. 각자 장단점이 있다. 어디에 주안점을 둘 것인가는 개인의 목적과 상황에 의해 결정해야 한다. 가족의 동의를 받지 못한 사람, 현지어에 자신 없는 사람, 소극적이거나 지극히 내성적인 가족이 있는 사람. 그리고 과거의 영광에 젖어 있는 사람은 이민을 가서 행복하게 살 수가 없다.

나는 골프를 치고 와서 간단히 저녁을 먹고 바로 서재로 올라간다. 노트북을 켜니 화면에 '메일이 도착했습니다.' 하는 아이콘

(icon)이 떴다.

'누가 보낸 메일일까?'

나는 궁금해 바로 클릭을 해 보았다. 출판사 편집팀장인 최수경의 메일이었다.

'김 교수님 지난 번 보내 주신 초고는 잘 받았습니다. 검토해 보고 다시 연락드리겠습니다. 여기는 성탄과 연말 분위기로 들떠 있습니다. 분위기를 맞추듯 어제는 눈이 제법 내렸군요 따뜻한 남쪽 나라의 크리스마스는 어떠하신지요? 그럼 내년에 뵙겠습니다. 건강하시고 새해에 복 많이 받으세요. 최수경 올림'

나는 문득 '내일이 바로 크리스마스로구나' 하는 생각이 들었다. 학창시절에는 그렇게 고대하던 크리스마스를 이제는 무감각하게 잊고 살다니. '나도 늙었나 보군' 비단 나이 때문만은 아니었다. 그리고 보니 이곳은 크리스마스가 그리 요란치 않았다. 문자 그대로 조용한 성탄절로 보내고 있다. 나는 피식 웃으며 답장을 썼다.

'최수경씨. 그래, 그 곳은 매우 춥죠? 눈이 왔다니 화이트 크리스마스 기분을 낼 수 있겠네요. 반바지 입은 산타 할아버지를 본 적이 있나요? 이 곳 산타도 털모자에 수염을 한 모습이지만 날씨가 더워서 인지 반바지 차림이네요. 재미있죠. 〈8월의 크리스마스〉라는 영화가 있기는 하지만 한 여름의 크리스마스를 상상할 수 있나요? 연락 주셔서 고맙습니다. 최 팀장도 새해 복 많이 받으시고 내년에는 시집 가셔야지요. 미리 새해 인사를 전합니다. 새해 복 많이 받으세요. 한 여름의 크리스마스이브에 남쪽 나라에서, 영안.'

띵똥!
"누구세요(who's calling?)"
"퀵 서비스예요(quick delivery)"

문을 열어 보니 소포 뭉치를 하나를 전해 주고 간다. 내가 지난 주 주문한 책이 도착한 것이다. 인터넷 쇼핑몰에서 보고 싶은 책을 주문했는데 1주일 만에 도착했다. 다음 작품을 준비하고 있는 데 참고할 서적을 몇 권 주문한 것이다. 요즈음 해외 생활에 불편이 거의 없어졌다. 예전처럼 이민 사회가 고국과 단절된 사회가 아니다. 신문은 물론 방송도 대부분 접할 수 있고, 교민 사회도 그 규모가 날로 늘어나 하나의 커뮤니티(community)로 발전되어 가고 있기 때문이다. 가장 적응하기가 어려운 것이 식생활인데 한인 커뮤니티가 커지자 한식당은 물론 각종 한국 식품점이 생겨나 식생활에 애로가 없다. 게다가 인터넷 덕분에 정보 역시 실시간으로 접할 수가 있어 전혀 거리감을 못 느낀다. 이제는 글로벌 시대이고 국경이 사라지는 시대가 되었다. 큰 성공이라고는 할 수 없어도 만족스런 삶이고 행복한 나날을 보내고 있다.

'메일이 도착했습니다.'

컴퓨터에 아이콘이 떴다.

'형님께. 이번 새 학기에 특강을 마련했습니다. 새롭게 시작하는 후학들에게 형님의 경험과 지혜를 나누어 주시지요. 시간이 되시면 강의를 부탁드립니다. 건강하시고 3월에 뵙겠습니다. 한성식.'

엊그제 새해가 밝은 것 같은 데 벌써 2월이 되었다. 이곳의 연말연시는 조용해서 세월이 어떻게 가는 줄을 몰랐다. 한 교수 메일과 함께 또 하나의 메일이 와 있었다.

'김 교수님. 잘 지내시지요? 지난번 주신 원고가 마무리되어 3월 초에 출간될 예정입니다. 사정이 허락되시면 한 번 오셔서 홍보를 부탁드립니다. 대박 터지면 저도 한 번 휴가 내어 그 곳으로 여행이나 가보고 싶군요. 연락 주세요. 최수경.'

이래저래 고국 나들이를 해야 할 때가 온 것이다. 나는 남반구의 먼 남쪽 나라로 이민을 와서 새로운 인생을 살고 있다. 틈틈이 여가를 즐기고 글을 쓰면서 인생을 즐기고 있다. 수입이야 예전에 직업을 가질 때보다는 훨씬 못 미치지만 그래도 일상생활에는 큰 애로사항이 없다. 그 대신 몸과 마음이 더없이 평안했다. 이곳에서 주는 각종 복지 혜택으로 일상생활을 하는 데는 전혀 지장이 없었다. 물론 이민 온 첫 두 해는 여러모로 힘들었다. 남의 나라의 다른 문화 속에 젖어 든다는 것이 말처럼 쉽지는 않았다. 많은 문화 충격과 에피소드 속에서 하나 둘 적응하게 되었다. 한 해, 두 해 지나자 서서히 동화되어 이제는 아무런 불편이 없다. 해외 생활에 가장 큰 어려움은 고국과의 단절과 음식이다. 인터넷과 스마트폰 등 통신의 발달로 세계가 동일 생활권이 되었다. 특히 〈카카오톡〉은 교민들의 필수 메신저이다. 통화는 물론 영상 통화까지 무료로 할 수 있어 아주 편리하다. 요즈음은 세계 어느 도시를 가도 한식집이 있다. 우리가 좀처럼 바꾸지 못하는 습관은 한식을 고집한다는 것이다. 특히 노인들은 더 그렇다. 필수 음식은 김치, 고추장, 된장 등 장류(醬類)이다. 이것들도 한인 슈퍼에서 쉽게 구입할 수 있어 전혀 불편한 점이 없다.

'제가 즐거운 이유는 매우 평범합니다. 매일 아침에 일어날 때 저는 선택을 합니다. 즐거울 것인가? 즐겁지 않을 것인가? 저는 단지 즐거움을 택했을 뿐입니다. 그게 비결입니다.'

나는 주위 사람들이 행복하냐고 질문하면 항상 이렇게 답한다. 노벨상을 수상한 미국의 포크 가수 밥 딜런은 '성공하는 사람이란 아침에 일어나 밤에 잠들고, 그 사이에 원하는 것을 할 수 있는 사람이다.'라고 했다. 내가 바로 그런 생활을 하는 사람이 된 것이다.

'그리고 시간의 문제가 결국 당신의 삶과 건강, 그리고 행복을 결정하지요. 시간의 노예가 아닌 주인이 되어야 해요. 매일매일

휴가를 즐기는 사람처럼 살아야지요.'

　내가 만나는 사람마다 입버릇처럼 하는 말이다.

　며칠 후, 나는 한국행 비행기에 올랐다. 대형 점보기가 활주로를 힘차게 박차고 창공을 향해 날아올랐다. 한참을 지나 창문 밑으로 나는 푸른 바다를 바라보면서 지난날을 회상해 보았다. 사람은 언제나 두 가지 일을 동시에 하고 있다. 하나는 현재에 종사하는 일이고, 다른 하나는 정말 하고 싶은 일이다. 만약 당신이 꼭 해야 할 일을 마치 자신이 하고 싶은 일처럼 열심히 해내고 있다면, 당신은 미래를 위해 만반의 준비를 하고 있는 셈이다. 나는 자신을 되돌아보았다. 직장 생활의 전반부는 패기와 열정으로 해야만 될 일들을 했다. 첫 직장의 설렘을 주었던 공무원 같은 은행원에서, 벤처 사업가로 변신을 했다. 그리고 인생에 첫 고배도 마셔 보았다. 다시 대기업 간부로 젊음을 불태웠지만 시대의 흐름에 서서히 무대 뒤로 사라졌다. 여기까지는 하고 싶은 일이 아니라 해야만 하는 일을 하고 살아온 것이다. 패기와 열정으로 살아온 생활이었다.

　하지만 나는 후반부에는 하고 싶은 일들을 해 왔다. 주역(主役)에서 물러난 뒤에 다시 홀로서기를 하면서 비로소 내가 하고 싶은 일, 그리고 바라던 일을 할 수가 있었다. 그 동안 많은 직업을 가진 덕택에 쌓인 경험과 지식을 새롭게 베푸는 인생을 살았다.

창의와 나눔을 행하면서 사업가에서 작가로 그리고 교수로 또 한 번 변신을 한 것이다. 지금의 나는 그 일들을 편안하게 즐기고 있다. 하나의 직업에서 얻은 독특한 색깔들의 하나로 어우러져 팔색조가 된 것이다. 이제 날개를 활짝 펴고 푸른 하늘을 높이 활공을 했다.

I can fly higher and higher!

노후 준비는 빠를수록 좋다

모든 것은 젊었을 때 구해야 한다. 그 자체가 빛이다. 빛이 흐려지기 전에 열심히 구해야 한다. 젊은 시절에 열심히 찾고 구한 사람은 늙어서 풍성하다. – 괴테

노후 대비의 큰 원칙은 '빠르면 빠를수록 좋다'이다. 이를 거꾸로 해석하면 '늦으면 늦을수록 나쁘다'라는 말이다. 전문가들은 연령대별로 나타나는 특징을 감안해 '당장 노후 자금을 준비하기 어렵다면 주변과의 관계 및 건강에 초점을 맞추는 게 바람직하다.'고 조언했다. 젊은 층일수록 멋진 노후를 예상하고 있는 것으로 나타났다. 전국의 30~50대 1,832명을 대상으로 실시한 노후 생활 설문조사에서 두드러졌다.

30대의 82.1%는 자신의 노후 생활이 현재와 비슷하거나 나아질 것으로 예상했다. 어두운 전망은 9.7%에 그쳤다. 노후 생활이 지금보다 나빠질 것으로 예상한 비율은 40대 17.9%, 50대 24.2% 등 나이가 많을수록 높았다. 30~50대 전체로는 76.9%가 지금과 비슷하거나 개선될 것이라고 응답해 예비 고령층의 노후 전망은 예상보다 밝았다. 노후 준비 방법으로는 연금 및 적금 (65.0%), 자영업 준비(16.6%), 주식 및 부동산 투자(15.3%) 등의 순이었

다. 딱히 노후 준비를 하지 않고 있다는 응답은 50대에서 29.6%로 가장 높았고, 30대에서는 13.2%로 비교적 낮았다. 30대는 노후를 적극 준비하면서 밝은 노후를 기대하는 반면 50대는 상대적으로 준비가 부족했고 노후 걱정도 많은 셈이다. 멋진 노후 생활의 걸림돌로는 자녀 뒷바라지가 32.2%로 첫손에 꼽혔다. 다음으로 건강, 자금 부족, 소일거리 부족 등 순이었다. 자녀 뒷바라지에 대한 조사에서 '대학 졸업 또는 성인이 될 때까지만 지원하겠다.'는 응답이 전체의 52.2%에 이르렀다. 이 같은 응답은 고학력, 대도시 거주, 젊은 층에서 두드러졌다. 반면 50대, 중소도시 거주자, 저학력 층에서는 '자녀에 대해 할 수 있는 데까지 경제적 지원을 하는 것이 좋다'는 응답이 높게 나왔다. 30대는 가족과 사회관계에서 노후 준비를 비교적 잘하는 것으로 나타났지만 경제, 건강 분야에서는 그렇지 못했다. 지금의 경제 활동으로는 노후에 쪼들릴 수 있다는 이야기다.

30대의 노후 경제 여건이 40, 50대보다 좋지 않게 예측된 것은 부동산 보유 비율이 낮기 때문이다. 연령대별 주택 보유 비율은 50대 77.6%, 40대 66%였으나 30대는 47.7%에 그쳤다. 재산 가운데 부동산 비중이 절대적으로 높은 현실을 고려하면 부동산 보유 여부는 노후 경제 여건과 직결된다. 저축의 용도와 관련해 30대는 주택 마련을 첫손으로 꼽았으나 노후 생활 대비는 뒷전이었다. 주택 문제가 30대의 노후 자금 준비에 가장 큰 걸림돌인 셈이다. 건강 분야의 노후 행복지수는 40대에서 가장 높았다. 아침마다 단지 주변을 두 바퀴 뛰고 주말에는 반드시 등산을 한다. 건강 분야에서도 항목에 따라 연령대별 특징이 엇갈렸다. 30대는 휴식 및 레저, 40대는 운동, 50대는 보약과 정기 종합검진 등의 항목에서 다른 연령대보다 높은 점수를 보였다. 노후가 임박한 50대는 경제, 건강 분야보다 관계 분야의 노후 행복지수가 대단히 낮았다. 100점 만점에 48.4점으로 시험 성적으로 치면 낙제에 가까웠다. 직장 일에 매달린 탓에 가족이나 친지와의 관계에 소홀할 수밖에 없었다는 얘기다. 이는 노후에 외톨이가 될 수 있는 요인이다. 50대는 경제, 건강 분야에서 노후 준비가 양호한 것으로 나타났다. 50대의 노후 행복지수가 높은 것은 이 연령층의 주택 보유 비율이 높기 때문이라며 최근 20년간 집값 급등으로 저절로 자본이 생긴 탓이다. 50대의 주요 재무 목표는 자녀의 교육 자금 및 결혼 자금 마련과 60대 이후에 사용할 노후 자금을 마련하는 것이다.

Magic Tips

노후 준비 단계

1. 현재의 순재산 파악

2. 매월 수입과 지출 파악

3. 노동 가능한 연수 추정

4. 기대하고 있는 노후의 생활수준 설정

5. 노후 대비를 위한 꾸준한 투자 실행

노후 대비 10계명

1계명, 자기 일에서 성공하라.

2계명, 인생의 1/3이 노후임을 명심하라.

3계명, 노후 대비의 최대 적은 인플레이션이다.

4계명, 미루면 미룰수록 부담은 커진다.

5계명, 노후 대비는 자녀 교육보다 우선이다.

6계명, 안전한 상품이 안전한 미래를 보장하지 않는다.

7계명, 목돈을 활용하면 매월 적립하는 자금의 부담을 덜 수 있다.

8계명, 항상 변화에 대한 준비를 하라.

9계명, 1년에 한 번씩 재무 상태표를 만들고 가계부를 생활화하라.

10계명, 건강을 지키고 인생을 즐기는 법을 미리 익혀라.

재능 기부를 하다

"Welcome to Korea Calligraphy class(한글 서예반에 오신 것을 환영합니다)"

8명의 외국인이 눈을 반짝이며 내 설명에 집중하고 있다.

"we need four friends for calligraphy. brush, black ink, ink bed and paper(서예에는 4개의 친구가 필요합니다. 붓, 먹물, 벼루 그리고 화선지입니다.)"

모두들 자리 앞에 놓여진 4가지 도구를 만지면서 신기해하고 있다. 특히 붓에 대해서는 관심이 많았다.

"자, 지금부터 붓글씨 쓰는 법을 가르쳐 드리겠습니다."

나는 붓을 잡는 법을 알려주고, 먹물을 벼루에 부어 주었다. 그리고 붓에 먹물을 흠뻑 적셔 손에 주었다. 모두들 '이것으로 어떻게 쓰지?'하는 의아심에 조심스레 붓을 들었다.

"걱정하지 마세요. 잘못해도 아무런 문제가 발생하지 않습니다. 그저 편하게 줄을 그어 보세요."

내가 안심시키는 말을 했어도 주저주저 할 뿐 좀처럼 붓으로 쓰지 못하고 서로 눈치만 보고 있었다. 그래서 나는 일일이 손을 잡고 시범을 보였다. 하얀 종이게 먹물이 스며들면서 줄이 그어지는 것을 보고 신기해했다. 하나 둘 자신감이 생겨 열심히 줄을 긋고 있었다.

K-Pop을 통한 한류 열풍은 이곳도 예외가 아니다. 현재 초, 중, 고등학교 중 한국어를 제2 외국어를 선택한 학교가 약 10개이고 수강학생은 1천 명 정도 된다. 성인을 위한 한글 교육은 교육부 산하 한국교육원에서 평일 저녁반을 운영하고 있다. 수강 대기자가 100명 정도로 6개월은 기다려야 할 정도로 열기가 뜨겁다. 나는 일주일에 두 번 한국교육원에서 외국인 대상 한글 서예를 가르치고 있다. 무료봉사이다. 돈 보다 더 보람 있는 일을 하고 있다는 자부심으로 봉사를 하고 있다. 한글 서예를 가르치면서 국위선양도 함께하고 있다. 처음 시작할 때는 15명이 넘었는데 요즈음은 8명이다. 국적도 다양하다. 뉴질랜드인은 물론이고 원주민 마오리, 유럽계 서양인 그리고 필리핀, 중국인도 있다.

"아. 그래, 나도 내 손을 쓴 연하장을 써 볼까?"

내가 서예를 처음 접한 것은 초등학교 시간에 '습자^(習字)'라는 서예시간이었다. 그때부터 서예에 관심을 보였다. 그리고 대학 신입생 때 서예학원을 다녀 6개월간 기초를 배우기도 했다. 그때 한문을 배웠는데 첫 작품^(?)이 '修身齊家治國 平天下'였다. 좋아하는 글귀를 서예로 표현해 걸어두고 보는 것을 즐겨 했다. 하지만 나는 타고난 악필이었다. 톨스토이만큼 악필인데 내가 쓴 글을 내 자신조차도 해독 못할 때도 많았다. 급히 메모한 것일 경우에는 더욱 그랬다. 그래서 글씨를 잘 써보고 싶어 서예를 시작했다. 사실 서예와 펜^(pen) 글씨는 무관하다. 정말로 글을 예쁘게 쓰려면 서예학원이 아니라 펜글씨 학원을 다녀야 한다. 서예를 배웠지만 글씨는 나아지지 않아 포기하고 말았다.

이런 나에게 희망이 된 것은 컴퓨터이고, 워드프로세서^(word processor)라는 소프트웨어였다. 더 이상 펜으로 문서를 작성할 필요가 없어졌다. 지금도 비록 독수리 타법이지만 아주 유용하게 잘 쓰고 있다. 그래서 한동안 서예를 까맣게 잊고 살았던 것이다. 내가 서예를 다시 시작한 동기도 아주 단순했다. 어느 해인가 붓글씨로 쓴 연하장을 받았다. 연하장을 내 손으로 써서 보내고 싶은 욕심이 생겼다. 그 동안 나의 머리에서 떠났던 서예가 제2인생을 시작하면서 시간적 여유가 생겨서 다시 시작을 하게 된 것이다. 학창 시절에 크리스마스 카드를 직접 만들어 보내는 것이 유행했었다. 요즈음은 대부분 인쇄된 카드나 연하장을 사용한다. 젊은 층은 모바일 연하장을 보내곤 해서 일반 연하장은 거의 오지 않는다. 그래도 직접 그리고 쓴 육필 연하장은 받으면 마음이 따뜻해진다. 받은 사람도 함부로 버리기 아까워 보관을 한다. 때로는 표구나 액자로 만들어 걸어 두곤 한다. 나도 그런 연하장을 보내고 싶었다. 그런데 막상 다시 서예를 배우려 했더니 서예학원 찾기가 쉽지 않았다.

"선배님, 점심 먹고 서예 학원에 가시지요"

직장 후배가 사업을 하는 구로동에 들렸다. 예전부터 근처 서예학원을 물색해 달라고 부탁을 해 놓았다. 요즈음은 서울 중심가에 서예학원이 많지 않다. 서예를 배우려는 사람이 적어 별로 학원 수입이 적어서이다. 고가의 임대료를 감당하기 어려워서 시내에는 특히 강남에는 찾아 볼 수가 없다. 그가 어렵게 한 곳을 찾았다. 사무실 근처 초등학교 앞에 한 곳이 겨우 명맥을 유지하고 있다. 점심을 먹고 골목으로 들어서 초등학교 앞에 있는 서예학원에 들어갔다.

"어서 오세요"

할머니 서예 선생님이 반갑게 맞이한다. 서예 교실에는 초등학교 꼬마들이 오기 종기 모여 앉아 붓글씨를 쓰고 있었다.

"서예를 좀 배우려고 하는 데요"

모처럼 찾아 온 성인 학생에 선생님은 열심히 설명을 했다.

"한문은 안 하시나요?"

나는 내심 한문을 배우고 싶었다. 대학 때 구양순체(歐陽詢體)를 6개월 배운 적이 있기 때문이었다.

"저는 한글이 전공이에요. 한문도 가르칠 수는 있지만, 서예는 다 마찬가지에요. 한글 한 번 배워보시죠"

나는 잠시 망설였으나 의사결정이 빨라 한글 서예를 배우기로 결정했다. 이렇게 2006년 2월 서예를 다시 배우기 시작했다. 처음에 서예학원에 가면 가로 긋는 것과 세로로 긋는 것부터 가르쳐 준다. 자고로 기초를 배운다는 것은 지루한 일이다. 하지만 기초가 없으면 아무 것도 할 수가 없다. 아무런 불평 없이 줄긋기를 비롯해 ㄱ, ㄴ, ㄷ 그리고 가나다라를 차례대로 썼다. 한 글자에서 4자로, 다시 8자로 늘더니 16자 급기야는 반절지(半切紙)에 글을 쓰게 되었다.

"김 교수님, 이거 한 번 써 보실래요?"

2년 정도 지난 어느 날, 선생님이 전지(全紙)에 쓴 채본(採本)을 주셨다. 이제 본격적인 작품을 쓰게 된 것이다. 한글은 전지에 약 120-140자 정도 쓴다. 그 과정에 한 획, 한 자라도 잘못 쓰면 만사 도루묵이다. 약 1시간 이상 정신을 집중해야 작품이 완성된다. 첫 자를 잘못 쓰면 기분이 나빠져 쓸 마음이 생기지 않아 결국 엉망이 된다. 가장 안타까운 것은 마지막 글자를 잘못 썼을 때이다. 약 한 시간의 노력이 허사가 되기 때문이다. 이렇게 마음을 수양하는 것이 바로 서예이다. 서예를 시작한지 3년째 되는 2008년 '서울시전'에 첫 작품을 출품했다. '서울시 서예대전' 줄여서 '서울시전(市展)'이라 한다. 첫 출품에 입선을 했다. 그리고 2014년 서울시 초대 작가가 되었다. 그동안 입선(立選) 4번, 특선(特選) 2번으로 소정의 10점수를 채웠기 때문이다. 한 해 두 해 지나 어느덧 10년이 넘었다.

맥스웰의 〈아웃사이더〉에서 말한 '1만 시간의 법칙'이라는 것이 있다. 이는 어느 한 분야에서 전문가가 되기 위해서는 1만 시간을 투자해야 한다는 말이다. 하루에 3시간씩 약 10년을 투자하면 1만 시간이 된다. 10여년 넘게 꾸준히 투자한 결과 14년 만에 서예 초대작가(書藝招待作家)는 물론 서각초대작가(書刻招待作家)까지 이루어 냈다.

나는 젊었을 때 가족들 생계를 책임져야 하니 돈을 벌기 위한 직업 활동에만 전념할 수밖에 없었다. 은퇴 후 완전히 자유의 몸이 된 만큼 인생 2막은 전문성을 살리면서도 사회적으로 의미를 줄 수 있는 일을 해야겠다고 다짐했다. 평소 좋아서, 하고 싶어서 한 취미가 내 인생을 바꿔 놓았다. 취미의 단계는 처음에는 심심풀이 오락 수준인 pastime, 다음 단계는 좋아서 자주하는 취미

hobby, 마지막은 취미로 돈을 버는 부업 avocation이다. 아직 서예로는 돈벌이가 되지 못한다. 하지만 나의 마지막 직업으로 삼고 싶다. 자기가 좋아하는 일을 평생 마지막 직업으로 삼는 행운을 누리고 싶다. 조그마한 개인 서실(書室)을 내고 서예를 가르치며, 한국 서예를 해외에 알릴뿐만 아니라 나 역시 스스로를 수양하는 일거양득(一擧兩得)의 길을 택했다.

'공부와 아부는 평소에 하면, 나중에 덕을 본다.'라는 라틴어 격언대로 제2의 인생에서 전혀 예상치 못한 일을 하고 있다. 바로 한글 서예 전도사(傳道士)이다. 자기 만족도가 가장 높은 직종은 수입은 가장 낮지만 예술가와 문인이고, 가장 낮은 사람은 고소득을 올리는 의사라고 한다. 자기가 좋아하는 일을 천직으로 삼는 사람은 행복한 사람이다. 막연히 동경하는 것을 하는 것이 아니라 정말로 하고 싶은 것을 하는 사람이 진짜 행복하다.

조언 둘
자신만의 삶을 살아라

나는 내 영혼의 선장이며, 내 운명의 주인이다. – 윌리엄 워드

　'인생은 사소해지기에는 너무 짧다'라고 영국의 정치가인 디즈레일리는 말했다. 그리고 인생의 목적은 완벽해 지는 것이 아니라 많은 유혹과 편견을 이겨 내는 데 있다. 이는 노력을 통해서만 가능하다. 인생은 핑계가 아니라 노력에 보답한다. 나쁜 꿈에서 깨어나듯이 과거의 삶을 떨치고 일어나려고 노력함으로서만 자기 자신을 구할 수 있는 것이다. 또한, 인생에는 계절이 있다. 집을 짓는 계절이 있고 그 안에 사는 계절이 있다. 곡물을 재배하는 계절이 있고 거둬들이는 계절이 있다. 거둬들이는 순간 우리 모두는 성공을 꿈꾼다. 성공을 결정짓는 핵심 요소는 바로 품성이며, 우수한 품성의 가장 중요한 요소는 자신감, 용기, 열정이다. 확고한 자신감, 사랑으로 충만한 생활, 사업을 추진하는 열정, 이세 가지를 갖고서 어떤 난관이라도 헤쳐 나간다면, 인생이라는 이 어렵고 복잡한 마당에서 반드시 최종 승자가 될 수 있다. 랄프 왈도 에머슨은 성공을 이렇게 말했다.

'성공이란, 자주 그리고 많이 웃는 것. 지성인들로부터는 존경심을, 아들로부터는 애정을 받는 것. 정직한 비평에 감사하고 나쁜 친구들의 배반을 참아 내는 것. 아름다운 것이 무엇인지 알고 다른 사람이 갖고 있는 좋은 점을 찾아내는 것. 건강한 아이, 작은 정원, 보다 나은 사회 환경과 같이 세상을 좀 더 나은 것으로 남기는 것. 내가 살아 있기에 단 하나의 생명이라도 편안하게 숨 쉬었다는 것을 아는 것. 바로 이런 것이 성공이다.'

예로부터 우리 선조들은 자신을 닦고(修身), 성품을 함양하고(養性), 사물의 이치를 밝히고(格物), 앎을 이루고(致知), 집안을 보살피고(齊家), 나라를 다스리고(治國), 천하를 평정하라(平天下)고 했다. 사람은 내 손으로 세상을 바꾸어 놓겠다는 의지와 열정을 가져야 한다. 세상을 바꾼다는 것은 물의 흐름, 바람의 흐름을 바꾼다는 것이 아니다. 세상을 비치는 햇살의 색깔을 바꾼다는 것이다. 검게 보이던 세상을 밝고 희게 보이게 한다는 것이고, 무지갯빛 햇살을 일어나게 하여 더욱 아름답게 보이게 한다는 것이다. 하지만 성공한 인생을 산다는 것은 성공한다는 것과 다르다. 성공한 인생보다는 행복한 인생이 더 바람직하다. 성공의 열쇠가 꿈을 실현하는 것이라면, 행복의 열쇠는 꿈을 갖는 것이다. 행복은 나이가 아니라 자신의 태도이다. 그리고 행복을 결정되는 것은 사건이 아니라 당신의 생각이다. 생각하면 그대로 된다. 바라기만 하면 좌절한다. 행복은 '우연한 사건'이 아니라 '선택'이다. 행동이 반드시 행복을 안겨 주지 않을지 몰라도 행동 없는 행복은 없다. 행복한 삶을 위해서 우리가 해야 할 일은 세상을 바꾸는 것이 아니라 나 자신을 바꾸는 것이다. 행복한 인생이란 당신이 원할 때에, 좋아하는 사람과, 하고 싶은 일을 마음껏 하는 것이다. 그리고 원하는 바를 이루는 것이, 또 하나는 그것을 즐기는 것이다.

한 설문 조사에서 나이별 행복도(幸福度)를 조사한 바 있다. 15-24세: 81%, 25-34세: 80%, 35-44세: 80%, 45-54세: 79%, 55-54세: 79%, 65세: 81%로 나타났다. 가장 어린 나이에 행복도가 높고 나이가 들수록 행복도는 낮아져 중 장년에서 가장 낮았다. 그리고 다시 노년에 행복도가 높아졌다. 행복도가 낮아지는 것은 많은 것을 채워야 할 행복의 항아리가 그만큼 크고 깊다는 것이다. 나이가 적을 때는 채워야 할 행복항아리가 작기 때문이고 나이가 든 노년에는 바르게 자신의 인생을 직시할 줄 아는 눈을 가졌기에 스스로 욕심을 줄였기 때문이다. 행복한 삶에 이르는 길은 아주 간단하다. 당신의 마음에 증오를 담지 말라. 당신의 머리가 걱정하게 하지 말라. 산다는 것은 매우 간단하다. 어떠한 기대도 하지 말라. 자신을 잊어버리고 다른 사람을 생각하라. 자기가 하기 싫은 일은 남에게도 시키지 말라. 이대로 1주일만 한 번 해 보라. 그러면 당신의 삶은 몰라보게 달라질 것이다. 이렇게 해서 얻은 행복한 인생을 지속적으로 유지하기 위해서는, 타인에게 관대하게, 자신에게 엄격하게. 비판은 신중하게, 비판을 수용할 때는 겸허하게. 입은 최대한 무겁게, 눈과 귀는 최대한 크게. 민첩하게 행동하고 우아하게 말하라. 당신은 당신의 운명의 건축가이고 주인이며 당신의 인생의 운전자이다. 당신이 할 수 있는 것, 가질 수 있는 것, 될 수 있는 것에 한계란 없다. 생각하지 않는 사람은 고집불통이요, 생각할 수 없는 사람은 바보요, 용감하게 행동하지 않는 사람은 오직 노예일 뿐이다. 자기의 삶을 제대로 살지 못한 것이다. 자신이 설계한 자신만의 삶을 살 필요가 있다.

Magic Tips

인생을 바꿔 행복하게 사는 9가지 방법

1. 무슨 일을 먼저 할 것인지를 결정하라.
2. 주변을 정리하고 낡은 것을 기부하라.
3. 직장을 때려 치워라.
4. 새로운 음악을 들어라.
5. 책을 더 많이 읽어라.
6. 발에 맞는 편한 신을 신어라.
7. 비타민을 복용하라.
8. 자신을 존중하라.
9. 용서하고 스트레스를 놓아 버려라.

더 적게 일하고, 더 크게 성공하는 비결

1. 전력투구라는 압박에서 벗어나라.
2. 너 자신을 걸어라.
3. 홀가분하게 놓아 버려라.
4. 새로운 인생을 연출하라.
5. 지금 현재에 충실하라.
6. 끊임없이 자신과 소통하라.
7. 유연하게 대처하라.

다시 그곳에서 직업을 갖다

인간의 수명은 의학적으로는 120세라고 한다. 정말로 100세 시대가 멀지 않았다. 아니 우리는 이미 100세 시대에 살고 있는지도 모른다. 오래 살고 싶은 것은 모든 인간의 희망 사항이다. 하지만 이 말은 '노후'라는 단어를 떠오르게 한다. 경제적으로 여유가 있는 사람들에게는 100세 시대가 행운이지만, 대부분은 그렇지 못한 것이 현실이다. 아무리 유능한 직장인도 정년퇴직 후 20-30년은 할 일 없이 노후를 보내야만 한다. 환경의 변화와 과학의 발전으로 우리의 수명은 계속 늘어나고 있는 추세이다. 삶의 길이는 늘어가는 데 일하는 나이는 상대적으로 줄어들고 있다는 것이 안타까운 현실이다. 노후에 폐지를 줍는 비참한 현실을 피하기 위해서는 무언가를 준비해야 한다. 부족함 없이 풍요롭고 행복하게 나머지 인생을 살기 위해서는 경제적 여유와 보람 있는 일거리는 반드시 필요하다.

최근 한국은행의 자료에 의하면 베이비붐 세대 퇴직 충격에 대비해야 한다고 했다. 일본의 베이비붐 세대는 1947년부터 1949년에 출생한 806만 명으로 이 중 665만 명이 정년퇴직할 것으로 추산되어 일본 정부는 65세까지 정년을 연장하고 연금 지급 연령을 65세로 상향 조정하는 한편 퇴직자에 대한 다양한 취업기회 확대 등을 체계적으로 추진하고 있으며 기업도 정년 후 계속 고용, 다른 기업으로의 취업알선, 전문기능습득제도 도입 등 대책을 마련하고 있다.

우리나라도 예외는 아니다. 1955년~1963년에 태어난 베이비붐 세대인 5,60세대가 최근 대거 은퇴를 하고 있다. 이들에게는 노부모 봉양과 자녀부양까지 부담하느라 경제적 수입이 계속 필요한 경우가 많은 것으로 보인다. 즉, 은퇴 후에도 일자리가 필요한 실정이다. 베이비붐 세대 810만 명의 정년퇴직이 이미 시작되었고, 이 중에는 아직 더 일할 수 있다고 생각하는 사람이 많다. 이 세대는 지난 세대보다 오래 살고 그리고 건강하며 활동적이다. 향후 30~40년 동안 생산성 없는 국민으로 살아가는 것은 개인에게는 불행이요, 국가 차원에서는 국력낭비이기 때문이다. 이들을 실질적으로 뒷받침하기 위해 기업의 사회적 책임인식 제고, 노사관행의 개선, 고령자에 대한 인식전환 등이 긴요하다. 그러나 이러한 사회 현상에 대해 정부의 정책만 기대할 수는 없다. 우리 자신 스스로도 대책을 강구하고 그에 따른 준비를 착실히 해야 할 때가 된 것이다. 한 때는 산업 발전의 역군이었지만 개혁의 애물단지로 전락한 세대들은 좌절과 후회 속에서 한 숨만 쉴 것이 아니라 환골탈태하는 어려움을 극복하고 새롭게 태어나야 한다.

변화는 우리 일상 속에 존재한다. 변화는 필연적이고 곧 삶이다. 마찬가지로 우리의 은퇴 생활도 이제는 변해야 한다. 이제 인생 계획을 새로 짜야 한다. 세상은 넓고 할 일은 많다. 무엇을 선택할 것이냐는 마음먹기에 달렸다. 무기력한 은퇴냐? 활기찬 노후 생활이냐?

예전에는 평범한 직장인의 꿈이 정년퇴직을 한 후에 자녀들의 지원으로 행복한 노후를 보내는 것이었다. 그러나 IMF라는 경제 위기를 맞이하면서 이 꿈은 산산 조각이 나버렸다.

이제 정년퇴직이라는 단어는 오직 사전에만 존재하는 것이 되어버렸다. 우리의 사전에는 '은퇴'란 없다. 시작이 반(半)이라는 말이 있다. 또, 준비가 반(半)이고 시작은 반의 반(半)이라고도 한다. 이것저것 여러 가지 생각만 하는 것 보다 작은 것이라도 바로 실천하는 것이 더 현명하다. 지금이라도 다시 일어나서 지도 밖으로 행군을 해야 한다. 종신고용제도가 보장되고 경제 성장이 장밋빛 내일을 약속하던 시절에는 사는 것이 기쁨이었다. 열심히 공부해서 좋은 학교를 졸업한 다음 탄탄한 회사에 입사하면 그것만으로 충분했다. 그러나 종신보험제가 흔들리고 디플레이션이 진행되고 있는 현재는 미래의 연금도 어떻게 될지 알 수 없다. 많은 사람들이 어떻게 살아야 좋을지 몰라 혼란을 겪고 있다. 그래서 자신의 미래 즉 노후 생활에 불안을 느끼고 있다. 우리는 잠시 기차가 멈춰 서서 아름다운 경치를 조금이라도 쳐다봤으면 하는 욕망에 휩싸인다. 우리는 직접 내 인생을 운전하면서 속도와 정차할 곳을 결정해야 한다. 세상의 바퀴를 굴리기 위해 우리는 한 번쯤은 멈춰 서서 자신을 돌아보아야 하는 나이에 접어들었다. 아직 종착역에 도착하거나 폐차장에 도착한 게 아니므로 우리는 죽는 힘을 다해 굴러가야 할 의무가 있다. 세상의 속도에 맞춰서, 세상으로부터 떨어져 나가지 않기 위해서 말이다. 인생에 있어 무슨 일을 시작할 때 가장 훌륭한 대답은 '지금 아니면 언제 하느냐?'이다.

바로 지금! 하고 싶은 일을 시작하자

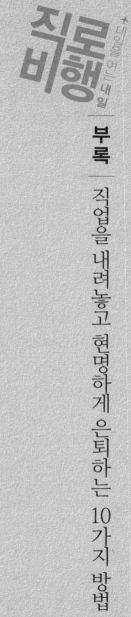

직로
비행
내일을 여는 내일

부록

직업을 내려놓고 현명하게 은퇴하는 10가지 방법

제 1계명

눈치 보지 말자

세상의 모든 사람들은 남을 개조하려고 하지 스스로를 바꾸려고 생각하는 사람은 없다. – **톨스토이**

지금이 바로 자기 자신, 가족, 직업, 공동체, 이젠 꼭지점이 4개인 인생 계획을 세워야 할 때다. 인생에는 리셋 버튼이 없다. 우리가 살아가면서 만나는 위험 중에 하나는 자신도 모르게 사회적 통념을 따라가는 것이다. 이를테면 10대는 반항적이고, 신혼부부는 철이 없고, 부모가 되면 짐이 무겁고, 중년은 조심스럽고, 은퇴자는 게으르다고 생각하는 것이다. 다른 사람들이 당신을 보며 어떻게 생각하는가, 무슨 말을 하며, 어떠한 비난을 하는가에 공연히 시간을 소비하지 말라. 당신이 언제나 염두에 두어야 할 것은 다음 두 가지로 충분하다. 하나는 매일의 일상생활에서 정의에 벗어나지 않는 행동을 하는 것이며, 다른 하나는 부여된 운명에 만족하는 것이다. 삶에서 즐거움을 아는 것, 즐길 줄 아는 것은 매우 바람직한 일이다. 하고 싶은 일이 노역이 되지 않기 위해서는 즐거움이 있어야 한다. 일을 하되, 당신이 하고 싶은 것을 찾아 마음껏 즐겨라. 자유로워지는 법을 배우고자 한다면 중요한 위험에 맞닥뜨렸을 때 우리가 만나게 되는 두려움을 피하지 말고 함께 안고 갈 수 있어야 한다. 보다 큰 개인적 자유의 추구는 불확실성을 받아들이고, 두려움에 굴복하지 말 것을 요구한다. '자유'란 진정으로 자신이 원하는 것을 할 수 있도록, 우리가 마음 깊이 믿는 대로 행동하도록 '스스로 허락해 주는 것'을 의미한다. '무엇으로부터의 자유'와 '무엇을 할 자유'가 '함께하는 자유'라는 더 높은 단계에 이룰 수 있다. 삶이란 순간에 지나지 않는 것, 얼마 남지 않은 여생이나마 산 속에서 살아가는 사람처럼 생활하라. 대부분의 사람들은 매사 너무 복잡하게 생각하기 때문에 그 안에 담겨진 진정한 삶의 의미와 가치를 제대로 찾지 못한다. 현대인은 무척 바쁘게 살고 있지만 특히 우리나라 국민들은 더 바쁘게 살고 있는 듯하다. 바쁠 때는 바쁘게, 여유가 있을 때는 천천히.

빠름과 느림이라는 이분법적인 논리보다는 단순함이라는 더 좋은 삶의 방식을 택하는 것이 현명하다. 단순함을 순수나 솔직함으로 이해하고 단순한 삶이란 투명하고 명료하며 정직하게 행동하는 진실한 삶이며, 어렵고 복잡하지 않게, 차분하고 쉽게 사는 것을 의미한다. 기본에 충실하고, 자신이 지닌 장점과 가능성을 발견, 개발해 나가는 진정한 자유를 추구하고, 근검과 절제로 이루는 건강한 삶을 추구하는 것이 단순한 삶의 요체이다.

이러한 단순한 삶을 살기란 그리 쉽지 않다. 그 동안 반백년 타성에 젖어온 생활을 하루아침에 마음먹었다고 바뀔 수 있는 것은 아니다. 지금까지 자신이 해 온 것, 그리고 이제부터 하지 않으면 안 되는 것들에 대해 재평가하고 수정해서 앞으로 무엇을 어떻게 해야 하는가에 대한 라이프 플랜을 세우는 것을 라이프 어세스먼트(Life assessment)라고 한다. 이제 남의 눈치를 보지 말고 자기만의 새로운 라이프 어세스먼트를 해야 할 시기가 온 것이다. 예전보다는 시간적 여유가 많아졌으므로 그에 걸 맞는 인생 계획을 짜야 한다. 인간은 사회적 동물이라 사회의 추세를 거슬러 살 수가 없다. 그래서 대부분의 시간을 사람들과 함께 지내고 있다.

하지만 아무리 인간이 사회적 동물이지만 홀로 있는 시간도 필요하다. 바쁜 일정 속에서 나만의 시간을 가지도록 해야 한다. 하지만 막상 자기만의 시간을 빼기가 그리 쉽지 만은 않다. 자연스럽게 생겨난 새벽 시간을 나만의 시간으로 활용해야 한다. 저녁에 피곤한 몸과 마음으로 하루를 정리하기가 어려울 때 새벽시간을 활용하면 좋다. 또 아무도 방해하지 않는 시간에 크게는 자신에 대해 돌아볼 시간도 가질 수 있고, 작게는 오늘 하루의 일과를 준비할 수도 있다. 대부분의 성공한 사람들은 아침이 부지런한 사람이었다. 아침 일찍 일어나면 세 가지를 얻을 수 있다고들 한다. 첫째, 건강해지고, 둘째, 부유해지고, 셋째 현명해진다고 한다. 그리고 잠이 깬 5시부터 1시간 가량이 지난 오전 6시에서

8시 사이는 두뇌가 가장 명석해지는 시간으로, 이때의 집중력이나 판단력은 낮 시간의 3배에 달한다고 한다. 아침형 인간이 되면 네 가지의 변화가 있다고 강조하고 있다. 첫째, 신체와 정신이 조화로운 하루, 에너지가 충만한 하루를 갖게 되고, 둘째, 생활에 여유를 갖게 되면서도 목표하는 성과를 달성하게 하며, 셋째, 세상과 자신의 삶에 대한 자세가 달라져, 넷째, 건강한 삶, 장수하는 삶을 누릴 수 있게 된다는 것이다. 남의 눈치를 볼 것도 없고 타인의 방해도 없는 그 시간을 잘 활용해 나의 삶을 값지고 풍요롭게 하는 데 사용해야 한다.

잠깐! 한 마디

인생이란 여행과 같으니……	그대 그 길을 걸어가라.
인생이란 선물과 같으니……	그대 그 속에 무엇이 있는지 열어 보라.
인생이란 꽃과 같으니……	그대 그 향기에 취하라.
인생이란 공과 같으니……	그대 그 공을 잡아라.
인생이란 노래와 같으니……	그대 그 노래를 불러라.
인생이란 신비와도 같으니……	그대 그 베일을 벗겨라.
인생이란 고통이니……	그대 그 아픔을 견뎌라.
인생이란 아름다우니……	그대 그 고움을 느껴라.
인생이란 경이로우니……	그대 그 참 맛을 맛보라.
인생이란 풍요로우니……	그대 그 넉넉함을 누려라.
인생이란 사랑이니……	그대 그 사랑의 씨앗이 되라.
인생이란 빛이니……	그대 가슴에서 그 빛을 발하라.

제 2계명

하고 싶은 것만 골라서 하자

마음을 편안하게 갖고, 기운을 느긋하게 가지며, 의문이 나는 것을 그냥 놓아 둔다. – 조식

대부분의 사람들은 꿈의 실현이 자기 자신의 선택에 달려 있다는 사실을 모르고 있다.

왜 그렇게 작은 것에 만족하고 살아야 하는가? 왜 좀 더 큰 것을 향해 도전하지 않는가?

인생이란 애당초 이러한 잡일의 집적이 아니던가? '할 수만 있다면 하지 않고 지나가고 싶다'고 여기는 일들이 실은 우리들의 '삶의 보람'이라 느낄 만한, 우리에게 깊은 만족감을 줄 수 있는 의미 있는 시간의 흐름들은 아닐는지? 인간은 사회적 동물이라서 내가 하고 싶은 일을 하려고 해도 주위의 시선을 의식해 못하는 경우가 많다. 내가 하면 로맨스이고, 남이 하면 스캔들이라고 한다. 두 남녀의 사랑을 자기중심으로 해석할 때는 좋게 표현하

고, 같은 상황을 남이 하면 나쁜 쪽으로 해석하려는 경향이 있다. 이제는 남이 무어라고 하든 개의치말고 자기의 로맨스를 즐겨야 한다. 비슷한 말로 '며느리가 시어머니 된다'는 말이 있다. 며느리 시절에 내가 시집살이한 것은 억울하고 자기가 시어머니가 되어 시집살이 시키는 것은 당연하다는 생각을 가지고 있기 때문이다. 시어머니라는 별도의 부류가 있는 것이 아니고 그녀 역시 한 때에는 어느 집의 며느리였다. 그리고 그녀는 호된 시집살이에 치를 떨며 자기는 절대로 시집살이를 안 시키겠다고 다짐을 한다. 하지만 그녀의 며느리는 시집살이의 어려움을 호소한다. 그녀는 기가 막혀 한다. '이게 무슨 시집살이이냐고, 내 시집살이에 반도 안 된다'고. 그녀의 며느리 역시 다짐을 한다. '나는 절대로 시집살이는 안 시키겠다'고. 이렇게 우리의 가족의 역사는 계속되어 왔고 이렇게 수많은 다짐 속에서도 아직도 시집살이와 고부간의 갈등은 계속되고 있다.

우리에겐 삶의 자세를 선택할 자유가 있다. 우리는 의미 있는 가치와 목표에 전념하는 것으로 '의미를 찾고자 하는 의지'를 실현할 수 있다. 우리는 살아 있는 순간순간 의미를 발견할 수 있다. 우리는 자신을 방해하고 있다. 생각의 포로가 되지 않으면 일에 의미를 부여할 수 있다. 거리를 두고 우리를 바라보면, 통찰과 식견을 얻을 뿐 아니라 자신을 보고 웃을 수 있다. 우리는 힘든 상황과 마주했을 때 관심의 초점을 바꿀 수 있다. 우리 자신을 넘어서 세상을 위해 어떤 변화를 만들 수 있다.

잠깐! 한 마디

생각은 정의롭고, 고상하고, 논리적으로.
대화는 짧고, 진실 되고, 정직하게.
일은 효율적이고, 경건하고, 자비롭게.
행동은 정중하고, 침착하고, 쾌활하게.
식사는 소식하고, 편리하고, 소박하게.
복장은 검소하고, 깨끗하고, 말쑥하게.
마음가짐은 일관되고, 순종적이고, 평온하게.
수면은 조용하고, 절제하며, 적당하게.
기도는 자주, 간결하고, 열정적으로.
놀이는 규칙에 맞고, 적당하게, 필요할 때만.

- 체스터필드

뭐니 뭐니 해도 머니(Money)가 최고다

돈을 버는 것은 곧 예술이다. 일하는 것 역시 예술이며, 수익성 있는 사업을 성공적으로 이끌어 가는 것은 예술의 절정이다. – 워홀

'부'(wealth)라는 단어는 원래 '행복(well-being)'이라는 뜻에서 출발했다. 그렇다면 돈으로 측정되는 물질 대상으로 한정하여 '부'라는 단어를 타락시키고 축소할 권리가 당신에게 있는가?라고 영국의 대 철학자이자 문호인 존 러스킨은 부의 필요성을 강조했다. 그렇다고 부의 상징인 돈을 예찬하는 것은 아니다. 그렇지만 돈의 목적을 명백히 할 필요는 있다. 돈은 건강과도 같은 것으로 생존을 위해서는 꼭 필요한 것이지만 우리의 삶의 목적은 아닌 것이다. '부자로 죽는 것보다는 부자로 사는 것이 훨씬 낫다.'는 격언과 같이 돈은 모으기 위해 버는 것이 아니라 쓰기 위해서 버는 것이다. 또, 미국 대통령이었던 벤자민 프랭클린은 부에 대해 이렇게 말하기도 했다. '재산은 가진 자의 것이 아니라 즐기는 자의 것이다.'라고, 하지만 돈을 잘 쓰기 위해서는 먼저 많이 벌어야 한다. 모두들 돈 벌기가 힘들다고 하지만 사실상 돈을 모으는

방법은 아주 간단하다. 첫째, 덜 사라, 둘째 덜 써라. 셋째, 쓰던 물건을 오래 사용할 수 있도록 잘 간수하고 조심해서 사용해라. 넷째, 새것을 사서 바꾸기 전에 옛 것을 고치도록 노력해라. 다섯째, 다른 누군가와 공동으로 사라. 여섯 째, 조금도 사지 말라. 이 여섯 가지를 실천하면 돈은 자연스레 모이기 마련이다.

사람이 살아가는데 돈은 항상 중요한 것이므로 부자가 되기로 결심하지만 결코 돈을 위해 일하지 말고 작은 지출부터 통제하도록 해 돈이 나를 위해 존재하도록 하여야 한다. 우리 세대들은 '아나바다 – 아껴 쓰고, 나눠 쓰고, 바꿔 쓰고, 다시 쓰는'– 운동을 생활화 하면서 살아왔고 그 영향으로 지금도 '아름다운 가게'에서 물건들을 재활용하고 있다.

그렇다면 과연 우리는 일생 동안 얼마 만큼의 돈을 벌어야 하는 것일까? 최근 영국의 일간 인디펜던트 인터넷 판은 노후 비용에 관한 흥미로운 자료를 발표했다. 영국인들이 태어나서 죽을 때까지 쓰는 돈이 약 150만 파운드(약 28억6000만 원)이라는 것이다. 세계적인 '푸르덴셜' 보험회사가 성인 2000명 이상을 대상으로 조사한 바에 따르면 영국인들이 일생 동안 쓰는 돈은 153만 7380파운드인 것으로 나타났다. 이 중 가장 많은 비중을 차지하는 것은 의식주로 일생 동안 55만2772파운드가 필요하며, 그 다음으로는 개인소득세 등 세금이 28만 6311파운드로 나타났다. 세 번째로 가장 많은 지출은 뜻밖에도 여가생활과 사치품 구입으로, 23만 6312 파운드를 쓰는 것으로 나타났다. 성별로는 남성이 여성보다 일생 동안 21% 더 많은 돈을 쓰는 것으로 나타났는데 이는 주로 대부분 가정에서 남성이 돈을 벌기 때문으로 보인다. 이밖에도 연령별로는 18~24세 때 가장 돈을 적게 쓰며 35~44세때 지출이 절정에 달한 뒤 다시 65세 이후에 지출이 두 배로 뛰는 것으로 나타나 일반적인 예상과는 달리 은퇴 후에 돈이 가장 많이 필요한 것으로 조사됐다.

비록 선진국인 영국의 사례지만 우리에게도 시사하는 바가 많다. 비록 경제 규모가 다르지만 우리도 아마 대동소이하지 않을까 싶다. 그러면 지금 세대들은 이만한 돈을 모아 놓았는지 궁금하다. 이제는 노후에 자식에게 얹혀 사는 생활은 거의 불가능해졌다고 본다. 노후 대책을 예전처럼 자식의 효도에만 의지해서는 안 된다는 말이다. 자신의 노후 대책은 본인 스스로가 준비하고 해결해야 할 시기가 온 것이다. 우리가 필요한 것은 큰돈이 아니라, 결코 마르는 적이 없는 작은 시냇물처럼 꾸준히 들어오는 돈이다. 그렇게 되기 위해서는 노후에 더 많은 돈이 필요하기 때문에 미리 저축을 해 놓든지 아니면 작은 돈이라도 지속적으로 공급되는 연금이나 보험을 들어 놓거나 아니면 고정적으로 수입이 들어오는 사업이 있어야 한다. 그래서 노후를 위해서는 돈은 절대적으로 꼭 필요한 것이다. 하지만 돈이란 놈은 너무 세게 움켜

쥐면 손에서 빠져 나간다. 돈은 개인에게 최고의 감정을 고취시키는 생활 요소이며 고통과 황홀의 감정과 밀접하게 연관되어 있다. 당신이 돈을 가지고 있을 때는 결코 충분히 가졌다고 느끼지 못하지만 돈이 없을 때는 수중에 있을 때 돈의 가치를 알았더라면 하고 아쉬워한다. 그렇지만 돈은 당신의 인간됨의 일부가 아니며, 태어날 때 돈을 가지고 태어났던 것도 아니며, 죽을 때 가져 가지도 못할 것임을 명심하고 인생을 정말 풍요롭게 살려면 우리가 돈을 위해 일하는 것이 아니라, 돈이 우리를 위하게 해야 한다. 돈이란 것은 인간의 성장과 더불어 그 용도에 따라 명칭이 다르게 바뀐다. 어렸을 때는 용돈이란 이름으로 불리고, 학창시절에는 유흥비라는 이름으로 불린다. 성인이 돼서는 사회에 나가 제대로 일해서 버는 급여로 불리며, 장년이 돼서는 현금재산으로 불린다. 노년이 되어서는 남에게 베풀기도 해야 하며 구차스러워지지 않으려고 지키는 품위유지비가 된다. 우리 속담에 '개 같이 벌어 정승 같이 쓰라'고 했다. 돈은 악(惡)이 아니고 많을수록 좋은 선(善)이다.

"호주머니에 돈이 있는 한, 당신은 현명하고 잘생기고 노래도 잘 부르는 사람이다."라는 유대속담처럼 노후에 대접받고 살려면 돈은 꼭 필요한 것이다. 그러기 위해서는 젊어서 열심히 벌어야 하고 노년에는 마음껏 사용해야 한다. 즉 일하는 대가로 받은 돈(money that you work for)보다 나를 위해 일하는 돈(money that works for you)이 더 중요해진 것이다. 결국 부자가 되기 위해서는 근로 소득 (working income)보다 투자 소득(passive income)이 많아지도록 해야 한다. 전 재산을 자식에게 미리 물려주고 노후를 맡기는 것 보다는 본인이 직접 관리를 해야 한다. 죽기 전에 절대로 자식에게 돈을 넘겨주어서는 안 된다. 아무리 자식이라도 부모로부터 아무런 소득이 없으면 자주 찾아보지 않기 때문이다. 쓰다가 남은 것이 있으면 물려주든가 아니면 다시 사회에 환원하면 된다.

잠깐! 한 마디

돈에 관한 격언

- 가장 부유한 사람은 돈이 가장 많은 사람이 아니라 자신에 만족하는 사람이다. – 탈무드
- 국민은 다른 사람을 살 수 있을 정도로 부유해서도 안 되고 자신을 팔아야 할 정도로 가난해서도 안 된다. – 루쏘
- 돈은 최선의 종이요, 최악의 주인이다. – 프란시스 베이컨
- 사람들은 여유로움을 희생하여 부를 얻는다. 하지만 부는 여유로움이 있어야 비로소 부로서의 가치가 있다. – 쇼펜하우어
- 나는 '부자로 죽었다'는 말보다 '쓸모 있게 살았다'는 말을 듣고 싶다.
  – 벤자민 플랭클린
- 재물은 생활을 위한 방편이지만 삶의 목적이 될 수 없다. – 칸트

- 행복 하려면 돈을 많이 가지려 들지 말고 필요한 만큼 있다는 점을 깨달아야 한다. – 스티븐스

- 창고가 차야 예절을 알고, 의식이 족해야 영욕을 안다. – 관중

- 1년 소득이 20 파운드, 1년 지출이 19파운드 6 센트면 행복한 사람. 1년 소득이 20 파운드, 1년 지출이 209파운드 6 센트면 불행한 사람 – 찰스 디킨스

- 우리는 가난하지 않다. 다만 돈이 없을 뿐이다. – 브루스 바튼

- 돈은 이기주의를 부르고 불필요한 남용을 끌어 들인다. – 아인슈타인

- 자신이 넉넉히 가졌음을 아는 삶은 부자이다. – 도덕경

- 자신이 넉넉히 가졌음을 아는 이는 극히 적다. 그것을 어떻게 사용할지를 아는 이는 더욱 적다. – 윌리엄 펜

- 소유는 미래를 위한 준비를 포함한다. – 간디

- 돈이란 그것을 좇을 때보다 획득했을 때가 더 골치 아픈 법이다. 잃는 것에 대한 공포가 커다란 고민거리고, 그것을 잃는 것은 더 큰 괴로움이며, 그 괴로움은 생각할수록 더 커진다. – 세네카

- 부를 획득할 때 천 번의 괴로움에 시달리고, 그것을 지키려고 수없이 걱정해야 하며, 그래도 쓸 때는 불안감이, 잃을 때는 슬픔이 뒤 따른다. – 프란체스코

배워서 남 주나?

배우고 난 후에 부족함을 알게 되고, 가르치고 난 후에야 곤란함을 알게 된다.

— 예기

시끌벅적한 교실 안으로 중년 신사가 들어선다. 학생들은 모두 자기 자리에 앉아 수업을 기다린다. 학생들은 그가 선생님인 줄 알았다. 그 신사는 학생들 사이로 들어와 빈 책상에 앉는다. 잠시 후 젊은 선생님이 들어선다. 그 신사는 선생님이 아니고 학생이었다.

'나이는 숫자에 불과한 것입니다' – 이것은 한 TV광고 장면이다.

배움에는 나이 제한이 없고 지나침도 없다. 아무리 나이가 많다 해도, 언제나 배울 것은 있는 법이다. 오직 배우고자 하는 의지와 열정만이 있는 것이다. 우리는 배움이라는 새로운 도전을 해야 한다. '배워서 남 주나?' – 한때 유행하던 말이다. 인생사 모든 것이 배울 것이지만 특히 우리가 배워야 할 것 중에 가장 먼저 할 것은 혼자 사는 법을 배워야 한다. 어느 날 갑자기 동장^(洞長)을 시켜 줘도 아는 것이 없으면 못하니까 알아야만 동장이라도 할 수 있다. TV유치원 프로인 '혼자서도 잘해요'라는 프로가 있었다. 혼자서도 잘하는 것이 필요한 세대가 비단 유치원 세대만의 전유물이 아니다. 나이가 들면 애가 된다는 말처럼 노년층도 혼자서 잘할 수 있도록 훈련이 되어야 한다. 혹자는 이런 것을 '獨테크'라 하였다. 혼자서 할 수 있는 일들을 익히고 살아가는 기술이라고 할 수 있다. 가장 대표적인 것이 미국에서 유행하고 있는 D.I.Y이다. DIY란 Do It Yourself란 뜻으로 '나 자신이 스스로 한다.'로 혼자서 만들 수 있는 제품들을 일컫는 말로 쓰이고 있다.

혼자 사는 법 중에 가장 배워야 할 것은 가사를 배우는 것이다. 우리세대는 가사 일은 당연히 여자가 하는 것으로 알고 남편을 하늘같이 떠받들기를 바라는 세대이다. 그래서 아들이 부엌에 들어가면 '천하의 바보'로 알았다. 하지만 다른 한편으로는 사위가 부엌일을 거들면 '이상적인 남편 상^(像)'이라고 치켜세운다. 내가 시부모님께 말대꾸하는 것은 자기 의사의 표현이고 아래 동서가 말대꾸하면 못되고 버릇없는 것이 된다. 묘한 사고의 모순 속에서 모든 갈등은 시작된다. 이런 전통과 신사고 사이에서 가치의 혼란 속에서 성장한 세대가 바로 우리 세대이다. 최근 유행하는 유머 중에 남자의 나이에 따른 아내의 행태에 대해 풍자한 것이 있다. 그 유머 중에 남자가 쉰이 넘으면 아내가 곰국을 끓이면 겁이 덜컥 난다고 했다. 아내가 곰국을 끓이면 여행을 가든지 아니면 일이 있어 수일간 집을 떠날 준비로 그 동안 곰국으로 식사를 해결하라는 일종의 암시이기 때문이다. 조금 서글픈 농담이지만 어느 정도 공감이 가서 쓴 웃음을 짓게 한다.

이제부터는 이런 유머의 희생물이 되지 않기 위해서는 가사를 배울 필요가 있다. 우리 세대 남편들은 가사에 거의 문외한이라서 아내가 밥을 차려 주지 않으면 끼니를 해결하기가 어려운 것은 사실이다. 대기업 간부로 퇴직한 어느 은퇴자는 요즘 아침만 챙겨 먹은 뒤 무작정 집을 나서는 날이 많다. 집으로 찾아오는 아내 친구들의 눈치가 보이기 때문이다. 퇴직 후 한동안은 아내 친구들이 찾아와도 안방에서 책을 보거나 TV를 봤다. 그러던 어느 날 목이 말라 부엌에 잠깐 나갔다가 "제발 안방에서 나오지 말라니까"라며 언짢아하는 아내 얘기를 듣고 생활 패턴을 바꿀 수밖에 없었다. 모든 가사 일을 영원히 아내가 뒷바라지 해 줄 수도 없는 것이고 때에 따라서는 여행을 할 수도 있고 병원에 장기간 입원할 수도 있기 때문이다. 스스로 가사를 해결할 수 있는 능력을 길러야 한다. 요즈음은 혼자 사는 싱글 족(族)을 위해 인스턴트 식품들이 많이 있어서 아내가 집을 비운다고 해도 그리 겁먹을 일도 아니다. 반드시 식사 해결만을 위해서가 아니라 이제는 부부가 가사를 분담해야 한다. 요즈음 신세대들은 맞벌이 부부가 많아 자연스럽게 가사 분담이 되었다. 아내는 식사에 관한 것으로 취사와 설거지 그리고 세탁이 주된 업무이고, 청소, 쓰레기 정리, 정원 관리는 남편 몫이다. 누구 한 사람이 부재일지라도 조금은 불편하지만 생활하는 데는 전혀 문제가 없다. 가사를 배우는 것은 생존의 문제라기보다는 원만한 부부관계와 노후 생활에 필수적이다. 다른 한편으로는 서로의 입장을 이해하는 데도 많은 도움이 된다. 나이 들수록 남성들은 아내에게 기대는 시간을 줄이고, 개인 시간을 영위할 수 있는 부분을 개발해야 한다.

다음으로는 컴퓨터를 반드시 배워야 한다. 이제 우리 사회는 산업사회를 지나서 정보화 사회가 되었다. 정보화 사회에서 필수적인 것이 바로 컴퓨터이다. 사이버 세계의 핵심인 인터넷도 컴퓨터를 사용할 줄 모르면 접근할 수가 없다. 하지만 쉰 세대가 컴퓨터를 처음 활용한 세대임에도 불구하고 은퇴 세대의 대부분이 컴퓨터와는 조금 거리가 있다.

쉰세대가 워드 프로세서의 첫 세대라서 컴퓨터와는 다소 친숙하지만 전혀 컴맹도 많은 세대다. 인터넷 신문보다는 종이로 된 신문이 편하고, 이메일보다는 편지가 더 친숙한 세대이다. 하지만 어쩔 것인가 - 세상은 온통 인터넷 세상이 되어 버린 것을, 대통령 선거에서도 인터넷의 위력은 여실히 증명되지 않았는가? 영국의 옥스퍼드 대학가의 한 컴퓨터 학원의 첫날 강의는 이렇게 시작된다고 한다. '컴퓨터는 절대로 폭발하지 않는다. - This machine do not explore!' 누구나 처음 대하는 기계에 대해서는 두려움을 가지고 있다. 혹시나 잘못 손대서 고장 나거나 오작동으로 큰일이 벌어지지 않나 하는 두려움에 가까이 하는데 시간이 걸린다. 컴퓨터는 절대로 폭발하거나 오작동으로 사람에게 해를 주지 않는다. 아무리 잘못해도 다 고칠 수가 있고 오작동은 바로 잡을 수가 있으니 겁내지 말고 배우면 된다.

하지만 커피나 주스를 쏟지는 말아야 한다. 우리 세대에 시작한 컴퓨터 배우기로 전문가까지 될 필요는 없다. 단지 최소한으로 컴퓨터를 끄고 켜는 것과 간단한 이메일을 주고받는 요령만 배우면 된다. 예전보다 현저하게 기억력이 쇠퇴해 졌으므로 익숙해질 때까지 중요한 조작 방법은 메모지에 작성해 컴퓨터 모니터에 붙혀 놓고 보면서 하면 된다. 그리고 자주 실습을 하여 몸에 익혀야 한다. 그러기 위해서는 매일 한 번 이상은 메일을 점검하고 최소한 한 통의 메일을 보내라. 보낼 상대가 없으면 자기에게 보내면 된다. 이메일을 주고받는 것을 익히고 나서는 인터넷 검색을 배운다. 예전에는 모든 지식이 책이나 주변의 구전에 의해 접해졌지만 이제는 인터넷을 통해 더 많이 알고 있는 세상이 되었다. 여기 저기 관심 있는 분야의 웹(WEB) 사이트를 찾아다니며 정보도 얻고 또 자기의 의견도 남겨 놓으면 된다. 더 욕심을 내면 게임하는 방법까지 배워 우리와 친숙한 바둑과 고스톱 같은 재미 있는 게임도 즐길 수가 있다. 아이들은 그들의 게임이 있고 우리 세대는 우리 세대 나름의 게임이 있다. 무엇이든지 지나치면 안

되지만 가끔 머리를 식히기 위해서는 게임만큼 좋은 것도 없다.

그리고 시간의 여유가 있다면 그동안 소홀히 했던 외국어 한 가지 정도는 배울 필요가 있다. 때 늦게 무슨 외국어냐고 하지만 앞으로 글로벌 시대에 발맞추어 해외여행이라도 할 경우를 대비해 한 가지 외국어는 배워 둘 필요가 있다. 그 동안 제도권 학교에서 입시를 위해 배운 암기식 영어는 실생활에 큰 도움을 못 준다. 대학 입시나 취업용이 아니므로 생활 회화를 하루에 한두 가지씩 익히면 된다. 그저 간단한 회화로 앞가림할 정도만 배우면 된다. 외국어 중에는 영어가 그간 투자한 시간과 노력이 있으니 접하기가 쉽겠지만 다른 한 편으로는 중국어 등 새로운 언어에 도전해 보는 것도 바람직하다. 무엇인가 새로운 것을 배우는 것도 좋은 일이고 또한 삶의 활력소가 되는 것은 사실이다.

혼자 사는 데 꼭 필요한 것이 취미생활이므로 미리미리 배우고 익혀서 최소한 한두 가지 정도는 평소에 가져야 한다. 우리 세대들의 학창시절 매년 새 학기가 되면 담임선생님이 나누어 주는 용지가 있다. 그 용지는 신상명세서로 개인의 신상 변동사항을 파악하기 위해 개인의 신상에 관해 써 내는 것인데 매번 취미를 쓰는 칸에서 주저하게 된다. 과연 나의 취미는 무엇일까? 대부분의 학생들이 적어내는 취미로는 남학생은 독서, 여학생은 음악 감상이었다.

취미는 일종의 '쉬는 일'이다. 인간은 일하고 나서 쉬고 또 쉬고 나서 일한다. 취미가 없는 사람은 성격이 무뚝뚝해지며, 삶 자체도 무미건조해 질 수 있다. 취미는 인생의 청량제이면서 조미료인 것이다. 하지만 취미는 돈으로 살 수도 없고 하루아침에 만들어 가질 수도 없는 것이다. 오랜 시간에 걸쳐 반복하면서 재미를 느껴야만 취미가 될 수 있다. 취미를 의도적으로 가질 수도 없는 것이지만 어떤 측면에서는 의도적으로 가질 필요도 있다.

특히 노년을 앞둔 우리 세대에게는 남은 여생을 편안하게 보내기 위해서는 반드시 필요한 것이기 때문이다. 남이 좋아한다거나 유행을 타는 것 보다는 자기 스스로에 적합한 취미를 골라서 가질 필요가 있다. 취미는 많다고 좋은 것도 아니지만 그렇다고 한 가지만 고수하는 것도 문제가 있다. 약간의 서로 보완되는 것을 가지는 것이 바람직하다. 보완이라는 것은 유사한 것이라기보다는 서로 상반되어 보충해 줄 수 있는 것을 말한다. 예를 들면 동적인 취미와 정적인 취미, 또는 실내에서 하는 취미와 야외에서 즐기는 취미를 한 가지 이상씩 가지면 상황에 따라 지속적으로 취미활동을 할 수 있기 때문이다. 야외 활동은 주로 스포츠 계통으로 축구, 농구와 같은 단체 운동도 있지만 낚시, 등산 등 혼자 즐기는 개인적인 것도 있다. 실내 운동으로는 탁구, 실내 수영 등 운동과 독서, 음악 감상, 서예, 도자기 등 다양한 것들이 있다. 주변에 수많은 취미 활동 중에서 본인의 취향과 맞고 접근하고 익히기 쉬운 것들을 선택해 취미로 만들어야 한다.

다양한 취미 생활로 삶을 풍요롭게 하여야 한다. 비가 오면 실내 수영을 하고, 날씨가 좋으면 밖으로 나가 골프를 즐긴다. 밝은 낮에는 야외에서 할 수 있는 취미 활동을 하고 저녁이나 궂은 날씨에는 실내에서 책을 읽거나 글을 쓴다. 하루에 일정량의 시간을 취미 활동으로 보내면서 몸과 마음의 여유를 찾는다. 노후에도 지속적으로 자기를 발전시키고 싶다면 최소한 하루에 30분씩 운동을 하고, 일주일에 한 번 이상은 일기를 쓰고, 한 달에 한 권 이상은 책을 읽고, 계절에 한 번씩은 자연과 벗하고, 일 년에 한 번은 혼자 여행을 할 필요가 있다. 매일 새로운 것을 한 가지씩 배우도록 하자. 라틴 속담에 '배운 사람은 마음이 부자다.'라고 했다. 우리에게는 정든 친구와 웃고 떠들며 즐겁고 유쾌한 시간을 도모하기에도 시간이 별로 많지 않다. 노화를 좀 더 늦추기 위해서라도 감성을 되찾아야 하고 오랫동안 삶에 찌들어 짓눌려 버린 감성을 되찾기 위해 지금 바로 해야 할 일은 무언가 새로운 것을 배워 삶에 자극을 주어야 한다.

잠깐! 한 마디

평준화의 법칙
40대 : 욕망의 평준화
50대 : 지식의 평준화
60대 : 외모의 평준화
70대 : 성(性)의 평준화
80대 : 부(富)의 평준화
90대 : 생사의 평준화
100세 : 자연 속의 평준화

틈틈이 꺼리를 만들자

사색은 비유하자면 우물을 파는 것과 같으니, 바로 맑은 물을 얻을 수 없다.
처음에는 탁한 물이 나오지만 차츰차츰 제거해가면 마침내 맑아진다. ─ 채근담

　　노년의 시간은 길기 때문에 다양한 취미를 가져 대비해야 한다. 40대는 3가지, 50대 이후에는 5가지 이상을 자기 취미로 꼽을 수 있어야 한다. 인생은 불가사의하고 예측할 수 없는 현상의 연속이다. 애써 그 비밀을 알려 하지 말고 그것을 즐기는데 더 많은 시간을 투자해야 한다. 인생을 충분히 즐기기 위해서 그것을 완전히 이해할 필요까지는 없다. 그러기 위해서는 공적인 일과 개인적인 삶을 잘 조화시켜서 조금 적게 일하고, 조금 적게 소비하며, 인생을 보다 잘 즐기는데 있다. 매일 소일거리가 없으면 쉽게 지루해지고 후회할 수 있다. 노후에도 지속적으로 할 수 있는 소일거리를 확보해 둘 필요가 있다.

　　대기업의 사장 자리를 박차고 강원도 산골에 카페를 차린 경영자는 그의 저서 'Peace of Mind'에서 '매일 소일거리가 없으

면 쉽게 지루해지고 후회할 수 있다. 소일거리를 확보해 둘 필요가 있다'고 했다. 전적으로 공감이 가는 구절이다. 본디 소일이라는 한자어는 하루를 보낸다라는 의미이다. 이 '소일(消日)'에 우리말 '꺼리'가 붙음으로써 그 본래의 의미가 약간 퇴색되어 격이 낮아진 감이 든다. 일반적으로 비생산적인 일로 치부되거나 빈둥거린다는 표현으로도 해석되기도 한다. 사실은 하루를 잡기나 빈둥거리는 것으로 보내라는 그런 의미는 아니다. 그렇다고 반드시 생산적인 경제활동인 일을 하면서 보내라는 의미도 또한 아니다. 그냥 하루를 충실하게 보낸다라는 의미인데 적절한 우리말을 찾기가 쉽지 않다. 본인이 하고 싶은 것, 그리고 즐겨 하는 것을 하면서 하루를 뜻있게 보내라는 의미이다. 그래서 새롭게 만들어 본 말이 바로 작일(作日)이다. 하루를 허비한다는 '消' 보다는 하루를 만든다는 '作'이 더 바람직한 표현일 것 같다.

혼자서 할 수 있는 소일거리에는 글쓰기가 있다. 글을 쓴다는 것은 문학적 소질이 있는 작가들만의 전유물은 아니다. 그냥 생각나는 대로 메모를 한다고 생각하면 된다. 예전에는 글을 펜으로 쓸 때는 자꾸 틀리고 또 추가할 말이 생각나면 다시 고쳐 쓰곤 하다 보면 엉망이 되어 중도에 포기하곤 한다. 요즘은 워드 프로세서라는 것이 있어 글 쓰는 데 아주 편리하다. 대충 써 놓고 나중에 수정이 아주 용이하기 때문이다. 추가는 물론 이동 또는 다른 곳의 것을 복사해 올 수 있어 아주 편리하다. 요즘 작가는 문학 작업을 모두 노트북 컴퓨터로 하고 있다. 휴대하고 다니다가 생각이 떠오르면 그대로 컴퓨터에 입력해 둔다. 한가한 시간에 조각조각 모아진 메모를 보면서 글을 써 내려간다고 한다. 그저 수다 꺼리나 일상의 잡다한 이야기를 하나 둘 써 보는 것이다. 큰 성공은 작은 성공들이 모여 이루어지듯이 순간의 생각들이 모여 역작을 만드는 것이다. 예전 궁중에서 궁녀들이 임금님 용변을 닦은 비단을 모아서 조각 포를 만들었고, 이 조각 포를 이용해 이불을 만든 것이 바로 조각 이불이다. 이를 흉내 내어 사대부 집에서는 일부러 비단을 조각내서 조각 포를 만들어 보자기나 이불에 활용하였다고 한다. 글쓰기도 이처럼 조각 포를 만드는 것과 마찬가지로 하면 된다. 예전에는 원고지에 쓰기 때문에 이야기를 하나로 쭉 이어서 만들어야 하지만 요즈음은 워드 프로세서가 있어 조각난 이야기에 자유자재로 첨삭이 가능해져 글쓰기가 아주 편해졌다. 글을 쓴다는 것은 거창한 문학작품을 구상하고 작업을 하는 것이 아니다. 평소 마음속에 담아 두었던 생각을 자연스럽게 풀어내는 것이다.

조용히 과거를 회상할 수도 있고 평소에 먹었던 생각을 한 번 조리 있게 정리할 기회도 된다. 그리고 글 쓰는 것이 상당히 많은 시간을 요하는 아주 건전한 소일거리가 된다. 이렇게 모아진 글들은 언젠가 잡지나 독자란에 투고를 해도 좋다. 지나치게 사적인 것이 아니면 홈페이지(Homepage)나 블로그(blog)를 만들어 많은 사람과 함께 공유할 수도 있다. 여기서 더 욕심을 낸다면 한 권의 책을 만들어도 된다.

　비단 글쓰기만 혼자 할 수 있는 것은 아니다. 음악, 독서, 그림 그리기, 산책 등 찾으면 주변에 아주 많이 있다. 최근에는 인터넷으로 많은 것을 혼자 할 수 있게 하였다. 인터넷 서핑(surfing)으로 각종 자료를 찾는다거나, 홈페이지들을 방문해 서로의 의견을 교환할 수도 있다. 이런 교신 외에 게임도 즐길 수 있다. 예전에는 여럿이 모여야만 할 수 있는 고스톱이라든지, 항상 상대가 있어야 하는 바둑 같은 게임도 인터넷을 이용해 혼자 즐길 수 있다. 그 뿐 아니라 인터넷을 이용해 신문, 잡지, 음악과 영화까지 즐길 수 있어 아주 유용한 놀이감이 된다. 이런 혜택과 즐거움을 만끽하기 위해서는 하루 빨리 컴맹에서 탈피해 정보화 인간이 되어야 한다. 인터넷과 친해지면 하루를 그저 하는 일 없이 소일(消日)하는 것이 아니라 나름대로 뜻있는 하루로 작일(作日)할 수 있게 된다.

인생 10훈 : 톨스토이

일하기 위해 시간을 내라. 그것은 성공의 대가이다.

생각하기 위해 시간을 내라. 그것은 능력의 근원이다.

운동하기 위해 시간을 내라. 그것은 끊임없는 젊음을 유지하는 비결이다.

독서하기 위해 시간을 내라. 그것은 지혜의 원천이다.

친절하기 위해 시간을 내라. 그것은 행복으로 가는 길이다.

꿈을 꾸기 위해 시간을 내라. 그것은 대망을 품는 일이다.

사랑하고 사랑 받기 위해 시간을 내라. 그것은 구원받는 자의 특권이다.

주위를 살펴보는 데 시간을 내라. 이기적으로 살아가기에는 하루가 너무 짧다.

웃기 위해 시간을 내라. 그것은 영혼의 음악이다.

기도하기 위해 시간을 내라. 그것은 인생의 영원한 투자이다.

제 6계명

놀면 뭘 해?

가장 성공적인 삶은 사랑하고 일하는 것이다. – 프로이드

가장 행복한 사람은 자신이 행복해질 수 있는 존재 방식과 일을 스스로 '찾은' 사람이고, 가장 절망스러운 사람은 이런저런 일을 그저 '받아들인' 사람이라고 한다. '노동은 인간에게 속한 일이요, 빈둥거리는 것은 신에게 속한 일이다'라는 속담이 있다.

'하루에 8시간씩 계속해서 먹거나 사랑을 나눈다는 것은 불가능하다. 사람이 매일 8시간씩 할 수 있는 것은 오직 일 밖에 없다'고 윌리엄 포크는 말했다. 대부분의 사람들은 일이 어려워서 못하는 것이 아니라 시작하지 않아서 어려운 것이다. 왜냐하면 그들은 달리 해야 할 일을 모르고 어떻게 빠져나가야 하는지 생각할 시간을 전혀 갖지 못한 채 그저 일만 했기 때문이다. 일이 우리를 필요로 하는 것이 아니라 우리가 일을 필요로 하고 있다. 일을 하고 있을 때야말로 여러분은 지상에서 제일 즐거운 꿈의

한 몫을 완수하고 있는 것이다. 칼린 지브란은 '일이야말로 인생에 있어서 가장 위대한 스승이다'라고 말했다. 하지만 우리 세대는 일하는 것을 좋아하지만 삶을 사는 시간이 더 많았으면 좋겠다. 일이라고 하면 하기 싫다는 개념이 먼저 떠오르고 대가를 위해 마지못해 하는 것으로 생각된다. 하지만 꼭 대가를 바라며 하는 일만 있는 것이 아니다. 대가를 받고 하는 일은 직업이고 대가 없이 하는 일도 많다. 또, 일은 하기 싫은 것만이 아니라 때로는 하고 싶은 것도 많다. 비록 같은 일이라도 상황과 마음먹기에 따라서 성격이 전혀 달라진다. 돈을 받으면서 일하지만 즐겁게 할 수도 있는 것이 바로 천직이라고 할 수 있다. 일이라고 해서 항상 경제적 이득이 있는 취업만을 말하는 것은 아니다. 비경제적 활동 즉 봉사도 엄연한 하나의 일이다. 봉사활동이라고 하면 꼭 소외계층을 위해 궂은 일을 대신하는 것으로만 인식되어 곱게 살아온 범생이들에게는 접근하기 어려운 것으로 생각된다. 비단 장애우나 빈민층을 위한 노력 봉사가 아니더라도 봉사할 것은 많다. 우리 사회는 항상 부족한 곳이 있기 마련이다. 그 부족한 곳에 내가 가지고 있는 넘치는 경험을 베풀면 그것이 바로 봉사이다. 또, 멀리 찾아다니지 말고 주변을 둘러보면 도움을 필요로 하는 곳이 의외로 많다. 꼭 육체적, 경제적 도움이 아니더라도 정신적 지적 도움을 주어도 된다. 후학을 가르치거나 인생 상담을 하거나 하는 것도 보람 있는 봉사이고 일이다. 봉사는 밖으로 하는 것만은 아니다. 또한, 궂은 일을 대신해 주는 것만이 봉사가 아니다. 우리는 그동안 말은 많이 했다.

'시간만 있으면 뭐든 하겠다, 남은 여생(餘生)을 남을 위해 봉사하면서 살겠노라'고 항상 생각하지만, 정작 시간이 생겼음에도 이런 저런 핑계로 실행에 옮기지 못하는 것도 사실이다. 행동은 없고 말만 있었다. NATO(No Action, Talk Only)주의다. '百聞이 不如一見'이라는 말이 있듯이 '百事가 不如一行'인 것이 바로 봉사이다. 주변에서 쉽게 할 수 있는 일들을 찾아 하면 되는 것이다. 먼저 집안에서 내가 도울 일이 무엇인가 부터 찾으면 된다. 우리 세대는 남자가 부엌에 드나드는 것을 금기로 여겼지만 이제 시대는 바뀌었다. 가사를 도와준다는 개념보다는 서로 나누어 분담한다는 차원으로 생각해야 한다. 최근에는 주부(主婦)가 아닌 주부(主夫)가 늘어나고 있는 추세이다. 그래서 '불량 주부'라는 새로운 단어도 생겨났고 드라마로도 인기를 얻은 것이 요즈음 세태이다. 특별히 기술을 요하는 일이 아닌 청소나 쓰레기 분리 등 손쉽게 할수 있는 일부터 시작하면 된다. 내 집에서부터 봉사를 시작해서 내 주위 이웃이나 지역 사회에서 할 수 있는 일을 찾아본다. 집앞 청소나 골목길 청소 등 할 일은 많다. 아니면 동 사무소에 가보면 일손을 찾는 봉사할 것이 수두룩하다. 지역사회 봉사를 하고도 남으면 범국가적인 봉사 활동을 펴면 된다. 봉사는 거창한 계획과 수많은 사람을 위해 하는 것보다 내 주위부터 시작하면 된다. 그리고 지금 바로 실행에 옮기는 것이 진정한 봉사이다.

소탈하고 허물없이, 그러나 언제나 정중하게 행동한다.

여유롭고 편안하게 대하되 무관심하게 행동하지 않는다.

겸손하고 침착하되 대담하고 확고한 뜻을 유지한다.

품위 있게 행동하되 으스대지 않는다.

노골적이 아닌 간접적인 방법으로 환심을 사되 앙심을 품지 않게 한다.

밝고 쾌활하게 대화하되 요란스럽지 않게 한다.

솔직하되 경솔하게 굴지 말고, 모든 것을 말하지 않되, 지나치게 숨기는 것처럼 보이지도 않는다.

말과 행동에 때와 장소를 가리고, 주위의 상황과 상대방의 사회적 지위에 맞게 적절히 대처한다.

제 7계명

적극적으로 살자

청춘은 인생의 어느 기간이 아닌 마음에 존재하는 것 때로는 스무 살의 청년
보다 예순의 노인에게 청춘이 있다. – 사무엘 울만

사람들은 바쁠 때 시간을 더욱 요긴하게 활용한다. 한가한 사
람일수록 오히려 마음만 쓸데없이 바쁜 법이다. 어떻게 사느냐
는 우리가 스스로에게 어떤 삶을 제시하느냐에 달려 있다. 어디
서 어떻게 사느냐는 바로 삶에 시간과 돈, 에너지를 어느 정도 바
칠 수 있는지를 결정한다. 고되지 않게 재빠르게 일하라 – 뼈 빠
지게 일만 하지 말고 생각할 시간을 가져야 한다. 옆집 잔디가 더
푸르러 보인다고 부러워하지 말고 당신 잔디에 먼저 물을 주어
보아라! 인생은 유한(有限)한 것이다. 백 년도 못사는데 천 년을 걱
정하는 것이 우리 인간이다. 현재에 충실하고 '현재를 즐기자–카
카르페디엠(carpe diem)' 주어진 여건에 만족하며 긍정적이고 적극적
으로 현재를 즐기며 살라는 뜻이다. 어제는 취소된 수표이고, 내
일은 지불을 약속한 청구서이며, 오늘은 우리가 갖고 있는 유일
한 현금이므로 현명하게 쓰도록 하자. 소박한 삶을 살기로 선택

하는 사람들은 종종 가난과 부유함 사이의 중간 길을 찾고자 했다. 그들은 중용(中庸)에 집중했다. 양보다는 질에 관심을 뒀다. 그들은 더욱 균형 잡히고 신중한 삶을 찾았다. 그런 삶은 정신을 지키고 창조성을 격려하며 사회에 도움이 될 뿐만 아니라, 낭비의 결과보다는 탐닉에 더욱 마음을 빼앗긴 과도한 유물론적 문화를 고쳐 나아간다.

자발적인 소박함이란, 편안하지만 호사스럽지 않은 삶을 유지하기 위한 길이다. 그것은 삶과 일, 일상과 예술 사이의 전문가적인 분할을 버리는 것이다. 승리의 과실(果實)을 얻기 위해 얼마나 많은 것을 포기할 것인가의 여부는 스스로 판단해야 한다. 대부분의 사람들이 이익을 극대화하기 보다는 손해를 최소화하면서 인생을 살아간다. 자, 바로 지금 이 시간을 가장 잘 사용하는 방법은 무엇인가? 우리에게 궁극적으로 필요한 것은 '시간관리'가 아니라 '인생관리'이기 때문이다. 시간과 인생을 컨트롤함으로써 얻는 최고의 이익은 바로 '자유'라는 것을 느끼게 될 것이다. 노년에 소박하되 넉넉한 삶을 살 수 있도록 삶을 풍요롭고 단순하게 가꾸어야 한다. 젊은 시절에는 지장(智將)이 되어야 하지만 이제는 덕장(德將)이 되어야 할 시기이다. 그래서 똑똑한 사람보다는 부드러운 사람이 되도록 하여야 한다.

'대부분의 사람들은 매일같이 좀 더 영리해지기 위해 좀 더 알려고 하는 반면 나는 매일 좀 더 단순하고 덜 복잡해지기를 기도 한다'고 일본의 선사는 말했다. 흐름을 따라간다는 것은 자기 노력을 포기하는 것이 아니라 현실을 받아들인다는 것을 말한다. 그것은 또한 행동할 때와 앉아서 기다릴 때를 구분할 줄 아는 것을 말한다.

잠깐! 한 마디

에너지를 넘치게 하는 법
1. 운동을 한다.
2. 적당히 먹는다.
3. 식사를 거르지 않는다.
4. 카페인 섭취를 줄인다.
5. 물을 많이 마신다.
6. 술을 적게 마신다.
7. 짧게 낮잠을 잔다.
8. 바른 자세로 앉는다.
9. 긍정적인 자세를 가져라.
10. 여유를 갖는다.

다 쓰고 죽자

만사는 모두 운명에 매어져 있는데, 떠서 사는 인생은 헛되이 헤매는 구나.

— 김 삿갓

흔히 인생은 3부작이라고 한다. 제1부는 배움(받아들이기)의 시기이고 제2부는 활동(이용하기)의 시기이며, 마지막 제3부는 베품(나누어 주기)의 시기라고 한다. 이제 제 3단계에 들어선 우리 세대들은 남은 기간이 25년일지 아닐지 몰라도 남은 기간 동안 후회 없는 삶을 살도록 최선을 다하여야 한다. 일본 속담에 '人間二萬日'이라는 말이 있다. 인간의 수명을 약 55세로 보고 일수로 환산하면 2만일이 된다는 뜻이다. 하지만 요즈음은 평균 수명이 길어져 남자는 75세 이상이고, 여자는 남자보다 더 오래 살아 평균 수명이 78세라고 한다. 70대에 접어들면 한 인간의 삶은 마무리가 된다. 70이면 약 3만일이 된다. 인생을 크게 나누어 보면 평균 잡아 1만일 당 한 번씩 큰 변화를 하는 것 같다. 첫 1만일(약 27년 5개월) 즈음하여 인생을 준비하고 결혼을 해서 독립을 한다. 다음 1만일(54년 10개월)이 지나면 알차게 성취한 삶을 대부분 정년퇴직이나 인생

후반부를 맞이하게 되는데 이 부분이 삶의 절정을 누리는 시기이다. 마지막 1만일(72년 3개월)은 제2의 인생을 보람된 생활로 보내면서 생을 마감한다. 다시 말하면, 첫 1만일은 배우고 익혀 자립하는 기간이고, 두 번째 1만일은 그 바탕에서 무언가 이루는 성취의 기간이라고 한다면 마지막 1만일은 보람된 일을 하는 기간으로 보내야 한다. 물론 사람별로 시차는 있을 지라도 대동소이하다.

한 인간의 일생을 다르게 분류를 해보면, 75세를 기준으로 해 3단계로 나눌 수 있다. 25세까지 자기 형성기로 자의와 무관하게 타인-부모, 형제, 선생, 선배 등의 통제 속에서 자기를 만들어 가는 교육기간이다. 육체적으로 성장하고 정신적으로는 고등교육까지 교육을 받고 사회의 경험을 시작하는 형성기이다. 두 번째 단계는 장년기로 결혼하여 일가를 이루고 직업을 가져 남을 부양하는 약 50세 전후까지 열심히 일하는 시기이다. 나와 인연을 맺은 우리를 위해 경제, 사회 활동을 왕성히 하는 시기이다. 50살부터 100살에 걸친 기간은 인생 중에서도 가장 중요한 시기가 아니면 안 된다. 사람이 인류에게 최대의 공헌을 할 수 있는 것은 이 기간이다. 보통 지식인이 자기는 얼마나 사물을 알지 못하였는가를 참으로 깨닫게 되는 것은 적어도 50살에 다다른 뒤다. 마지막 단계는 현장에서 은퇴를 해 자기만의 노후를 준비하는 노년기라 할 수 있다. 이 시기에 와서야 비로소 자기만을 위한 시간을 가질 수 있다. 물론 사람에 따라 시기가 조금씩 다를 수는 있어도 대체로 비슷하다. 하지만 노년을 준비하는 것은 사람에 따라 판연히 다를 수가 있다. 경제적인 측면도 그러하지만 무엇보다도 본인의 마음 자세가 중요하다. 대부분의 사람들이 제 2단계의 연장선상에서 인생을 마무리하고 만다.

이러한 큰 흐름을 볼 때, 악착같이 살아서 부자가 되기보다는 편안한 삶을 살도록 해야 한다. 예전에 잡았던 인생 목표를 재정비해서 남은 시간을 정말로 보람차게 보내 후회 없는 삶을 살아야 한다. 인간의 수명을 100세로 잡고자 하는 것이 인간의 희망 사항이다. 대부분의 사람들은 7-80대에 천수(天壽)를 다 한다. 중국에서는 희수(77)또는 미수(88)면 천명을 다한 것으로 본다. 예전에 비해 의학이 발달되어 평균 수명이 연장된 감도 없지 않지만 그래도 현대인도 많은 공해와 스트레스로 인해 마찬가지로 70대 전후가 평균 수명이다. 죽는 날까지 열심히 일해 벌어서 가족을 부양해야 한다는 의무감으로 일생을 마치는 것이 일반적이다. 인생은 '공수래공수거(空手來空手去)'라는 진정한 의미를 실현하지 못한 것이다. 본인에게 주어진 어려움을 후세에게는 안 물려주겠다는 그릇된 생각에 무차별적인 내리 사랑의 희생양이 되는 것이다. 우리에게 주어진 생명, 오래도록 유지해서 이 자연의 아름다움을 만끽하고 태어난 보람을 최대한 가지도록 하여야 한다. 우리에게 아직 시간도 많고 할 일도 많다. 세계 최고의 세일즈맨인 지그 지글러는 '천당은 하늘에 있는 것이 아니라 이 세상에 있으며, 이 세상의 중심에서 사는 사람이야말로 천당의 행복을 제대로 누리는 사람이다'라고 말했다. 또, 우리 속담에도 '개똥밭에 굴러도 이승이 낫다'고 했다.

이제 우리는 본격적인 인생 80년 시대에 살고 있다. 이 80년의 인생을 20년 단위로, 인생의 준비기인 '봄', 인생의 활동기인 '여름', 인생의 창작기인 '가을', 그리고 마지막으로 인생의 완성기인 '겨울'이라는 식으로 나누어 인생의 사계(四季)라고 하면 지금 창작기의 절정인 만추에 와 있는 것이다. 우리 나이 쉰이면 살 만큼 살았고 겪을 만큼 겪은 나이다. 이제는 서서히 죽음을 대비하도록 해야 한다. 진지하게, 겸손하게 죽음을 준비하고 그 생각 위에서 남은 생을 계획할 필요가 있다. 웰빙(well-being)이 있다면 웰다잉(well-dying)도 있어야 한다. 스웨덴의 속담 가운데 '인생 100년, 그리고 7일'이라는 말이 있다.

100년의 인생을 밝고 즐겁게 충실하게 보내다가 100년째에 쓰러져 7일 동안만 주위사람의 보살핌을 받고 7일째 되는 날에 숨을 거두어 천국으로 여행을 떠난다는 의미라고 생각한다. 이런 종말이 가장 행복한 인생을 사는 것이다. 노건불신(老建不信)이라는 말은 노인의 건강은 믿을 것이 못 된다는 뜻이다. 나이가 들면 언제 무슨 일을 당할지 아무도 모른다. 세상에 태어나는 것은 순서가 있어도 떠나는 것은 순서가 없다고 한다. 항상 이 말을 명심하고 마음의 준비를 하고 살아야 한다.

회갑(回甲) : 60에 저승에서 날 데리러 오거든 지금 안 계신다고 여쭈어라.

고희(古稀) : 70에 저승에서 날 데리러 오거든 아직 이르다고 여쭈어라.

희수(喜壽) : 77에 저승에서 날 데리러 오거든 지금부터 노락을 즐긴다고 여쭈어라.

산수(傘壽) : 80에 저승에서 날 데리러 오거든 이래도 아직 쓸모가 있다고 여쭈어라.

미수(米壽) : 88에 저승에서 날 데리러 오거든 쌀밥 더 먹고 가겠다고 여쭈어라.

졸수(卒壽) : 90에 저승에서 날 데리러 오거든 서둘지 않아도 된다고 여쭈어라.

백수(百壽) : 99에 저승에서 날 데리러 오거든 때를 보아 스스로 가겠다고 여쭈어라.

제 9계명

건강이 최우선이다

아침에는 생각하고 낮에는 행동하고 저녁에는 먹고 밤에는 잠들라.

- W. 블레이크

　최고의 인생은 '미국 연봉을 받고, 독일처럼 일하고, 프랑스 요리를 먹고, 영국 집에서 살며, 일본 여자를 아내로 얻는 인생'이고, 최악의 인생은 '북한 월급을 받고, 한국처럼 일하고, 영국 음식을 먹으며, 일본 집에서 살면서 한국 남자를 남편으로 얻는 인생'이라고 한다. 건강해야 행복하게 살 수 있는 것이다. 건강이란 활동에 제한 받지 않고 삶을 꾸려가기 위해서 필요한 신체적, 정신적, 지적 조건이다. 노년의 몸은 비록 낡은 의복과 같다고는 하지만 몸이 건강하지 않으면 잘 늙는 일이 무척 어렵다. '신체적 나이', '생체적 나이', '심리적 나이', '사회적 나이', '자각적 나이' 젊을 때부터 자기관리를 잘 한 사람은 나이 들어서도 건강하며 풍족하고 여유로운 생활을 즐기지만 자기관리에 실패한 사람은 노년이 '삼고(三苦: 질병, 가난, 고독)'로 시달리는 시기이다. 65세부터 74세까지를 전기 고령자(young-old)라고 하고, 75세 부터를 후기 고령자(old-old)라 한다. 노화를 좀 더 늦추기 위해서라도 감성을 되찾아야 하고 오랫동안 삶에 찌들어 짓눌려 버린 감성을 되찾기 위해 지금 바로 해야 할 일은 매사에 감동받고 또 감동을 주는 '감동훈련'이다.

한 의사가 강의를 했다. 그는 칠판에 10,000,000이라는 숫자를 써놓고 '0' 하나하나를 해석해 주었다. '이것은 금전, 이것은 사업, 가족, 행복, 좋은 차, 좋은 집, 그리고 이것은 지위입니다.' 그리고 마지막으로 '1'을 가리켰다. '이것은 건강입니다. 만약 건강이 없다면 나머지 '0'들은 아무 가치가 없어집니다.'라고 했다.

끼니때마다 유기농을 먹고, 저녁마다 요가를 하고, 주말마다 온천 다니는 것이 웰빙(well-being)이 아니다. 웰빙은 무엇을 먹고, 무엇을 입고, 무엇을 쓰느냐에 관한 것이 아니고 어떻게 사느냐 하는 다분히 철학적인 코드이다. 웰빙이란 고급스러운 것을 많이 하고 사는 것이 아니고 자기가 원하는 삶, 그것이 바로 웰빙이다. 웰빙은 말 그대로 존재(being)의 안녕이자 완성이다. 기억하라, 웰빙은 밖에 있는 것이 아니라 안에 있는 것이다. 웰빙은 성공의 다른 이름으로 이를 위해서 돈은 웰빙의 X축이고, 시간은 웰빙의 Y축이고, 사람은 웰빙의 Z축이다. 돈은 웰빙의 필요조건이지 충분조건이 아니다. 그러기 위해서는 인생에서 한 가지 이상의 목적을 가지고, 새로운 책들을 읽으며, 다양한 사람들을 만나고, 휴양지들을 찾아가도록 하자.

잠깐! 한 마디

건강십훈(健康十訓): 율곡 이이(李珥)

1. 소육다채(小肉多菜) : 육식은 적게 하고 채소는 많이 먹는다.

2. 소식다작(小食多嚼) : 식사를 적게 하고 잘 씹는다.

3. 소염다혜(小鹽多醯) : 염분은 적게, 식초는 많이. 나물을 무칠 때 염분을 쓰고
   도 먹을 수 있게 하려면 식초를 조금 가해 주면 염분은 적어도 간이 맞는다.

4. 소의다욕(小衣多浴) : 옷은 얇게 입고 목욕을 자주 한다.

5. 소번다면(小煩多眠) : 근심은 적게 하고 잠은 많이 잔다.

6. 소욕다시(少欲多施) : 욕심을 적게 내고, 남에게 많이 베풀도록 한다.

7. 소당다과(少糖多果) : 설탕은 적게 먹고 과일을 많이 먹는다.

8. 소차다보(少車多步) : 되도록 차는 적게 타고 많이 걷는다.

9. 소언다행(少言多行) : 말은 적게 하고 실행을 많이 한다.

10. 소분다소(少憤多笑) : 성은 적게 내고 많이 웃는다.

베풀며, 사랑하며, 행복하게

천하무인(天下無人) : 세상에는 남이 없다

"이제 내생의 마지막 순간이 왔다. 그리고 나를 거둘 장막을 앞에 두고 나는 확실히 말하겠다. 나는 충만한 삶을 살았고 정말 많은 것을 경험하며 살았지만, 그보다도 더 굉장한 것은 내 삶을 내 방식대로 살았다는 것이다. 약간 후회되는 부분도 있지만 나는 내가 해야 할 일을 했고 이를 예외 없이 멋지게 해냈다. 나는 모든 내 삶의 길을 계획하고 샛길로 빠지기도 했었지만, 조심스레 잘 헤쳐 나왔다. 그러나 그보다도 더 굉장한 것은 내 삶을 내 방식대로 살았다는 것이다. 어떤 때는 지나치게 과욕을 부린 때도 있었지만, 의심이 생기면 과감히 이를 벗어 던지기도 했다. 정정당당하게 난관들을 이겨내고 우뚝 섰다. 그리고 이 모든 것을 내 방식대로 했다. 사랑과 희로애락을 다 겪었고 나름대로 내 몫을 얻기도 잃기도 했었지만, 눈물이 가신 뒤에 쳐다보니 모두가 즐거운 추억일 뿐이다. 정말 나는 내 방식대로 인생을 살아왔다고 자신 있게 말할 수 있다. 사나이 사는 이유는 무엇이고, 과연 얻을 것이 무엇인가? 주체성이 없다면 아무런 존재도 아닌 것이 사나이다. 비굴하게 구는 사람들의 말이 아닌, 자신이 느끼는 것을 그대로 표현할 수 있어야 한다. 나는 굽히지 않고 맞섰다. 그리고 이를 내 방식대로 했다. 그래 바로 그것이 내 삶이었다."

이 노래는 원래 프랑스 샹송이었는데 미국의 폴 앙카가 영어 팝송으로 편곡을 해서 프랭크 시나트라에게 준 곡(My way)으로 같은 이름의 영화 주제곡이기도 하다. 이 노래는 동서고금을 막론하고 누구나 좋아하는 불후의 명곡이다. 우리 모두는 생을 마감할 때 이 노래 가사처럼 '나는 나의 방식대로 살아 후회가 없다'라는 말을 할 수 있어야 한다.

인생의 후반전에 추구해야 할 가치는 '더 많이 갖는 것'이 아니라 '더 많이 돌아다니며 더 많이 베푸는 것'이라는 것을 깨달아야 한다. 어찌 보면 다가올 노후도 현재에 불과한 것이므로 크게 두려워할 것도 아니다. 작은 돈이라도 준비해서 내 앞가림을 하고 조금 남는 것으로 이웃에게 베풀며 살면 그것이 행복한 노후 생활인 것이다. 나누고 준다는 것은 항상 아름답고 고마운 것이며 베풀고 살면 마음이 평안해진다. 그저 하루 살기에 급급해 내 것만 챙기고 살던 과거를 떨쳐 버리고 남에게 베풀면 두 배이고 슬픔은 나누면 반으로 줄어든다고 했다. 자기 것을 나누고 베풂으로써 삶을 더 풍요롭게 해야 한다.

당신이 선한 일을 하면 이기적인 동기에서 하는 것이라고 비난 받을 것이다. 그래도 좋은 일을 해라. 당신이 정직하고 솔직하면 상처를 받을 것이다. 그래도 정직하고 솔직해야 한다. 당신이 여러 해 동안 만든 것이 하룻밤에 무너질지 모른다. 그래도 만들어라. 사람들은 도움이 필요하면서도 도와주면 공격할지 모른다. 그래도 도와주어라. 세상에서 가장 좋은 것을 주면 당신은 발길로 차일 것이다. 그래도 가진 것 중 가장 좋은 것을 줘라. 쓰다 남은 것을 주지 말라. 그것은 동정이지 베풂이 아니다. 진정한 베풂은 진정한 섬김이다. 거기에는 자기희생이 반드시 따라야 한다.

아침에 일찍 일어나고 점심도 안 먹고 돈과 사회적 지위를 맹렬하게 추구하고, 마음껏 졸지도 못하고 카페인을 마셔 대며 정신 차리고, 스트레스에 짓눌려서 미친 듯이 일하며 성공해보겠다고 발버둥 치니 과연 건강하고 부유하고 현명한 삶이 찾아오던가?

인생 2막에서는 당신이 주연일 수도 있고, 관람자일 수도 있다. 토끼는 한순간 한순간의 스피드를 즐기고, 거북이는 한 걸음 한 걸음의 성취를 즐긴다. 모두 다 제멋에 사는 것이며, 모두 다 제 뜻대로 사는 것입니다. 오직 자신들이 저마다의 개성을 자신의 삶에서 펼쳐 내고 있는 것이다. 우리의 인생은 여행이라고 한다. 자신이 가자고 하는 인생의 목적지는 어디이고, 출발할 때 마음가짐은 어떠했으며, 누구를 선택해서 같이 갈 것인가를 생각하다 보면 인생이 자연히 깊어질 것이다. 행복은 목표가 아니라 마음 상태다. 행복을 찾으려는 시도만큼 행복에서 멀어지게 하는 것도 없다. 일상 속에 순간순간이 행복을 품고 있다. 현재의 한 순간 순간을 최대한 알차게 살라. 행복의 기준은 세월 따라 변하고 있다. 행복이란 많이 얻는 것이 아니라 적게 바라는 것이다. 정신적인 행복도 중요하지만 무엇보다도 물질적인 풍요로움 속에서 정신적 안정을 누릴 수 있다는 점이다. 당신은 매 순간 더 행복해질 수 있다. 직업과 개인적인 삶에서 더 성공할 수 있고, 덜 애쓰고 더 많이 성취할 수 있다. 오늘이 당신에게 진정한 전환점이 될 수 있다. 인생에서 더 많은 시간을 얻게 된다. 인생은 매일 새로이 꾸는 꿈에 불과하다. 이 꿈을 빛으로 물들이고, 얼마나 행복한 인생으로 가꾸느냐 하는 것은 자신의 손에 달려 있다. 일에서는 일류(一流)를, 취미 활동에서는 달인(達人)을, 지역 활동에서는 공헌(貢獻)을, 그리고 가정에서는 원만(圓滿)을 추구할 때 멋진 일의 보람, 활동의 보람, 생활의 보람을 느끼게 되며, 이것은 결국 '삶의 보람'으로 이어진다. 나아가 일과 취미 활동, 지역 활동, 그리고 가정에서의 라이프워크(Lifework)를 만들어 가는 것이다. 자신의 직관을 믿는 법을 배우면 삶에 균형을 가져다 줄 것이다. 당신에게는 엄청남 힘이 숨어 있다. 만약 그 힘을 찾아내어 사용한다면, 그동안 꿈꾸고 상상해왔던 모든 일이 이루어질 것이다. 베풀고, 사랑하고, 행복하게 인생을 꾸려 갈 것이다.

시(詩) 한 편

인생 예찬 (Psalm of life) – 롱펠로우

슬픈 사연으로 내게 말하지 말라.
인생은 한갓 헛된 꿈에 불과하다고!
잠자는 영혼은 죽은 것이니
만물의 외양의 모습 그대로가 아니다.

인생은 진실이다! 인생은 진지하다.
무덤이 그 종말이 될 수는 없다.
"너는 흙이었으니 흙으로 돌아가라."
이 말은 영혼에 대해 한 말은 아니다.

우리가 가야 할 곳, 또한 가는 길은
향락도 아니오, 슬픔도 아니다.
저마다 내일이 오늘보다 낫도록
행동하는 그것이 목적이요, 길이다.

예술은 길고 세월은 빨리 간다.
우리의 심장은 튼튼하고 용감하나
싸맨 북소리처럼 둔탁하게
무덤 향한 장송곡을 치고 있으니.

이 세상 넓고 넓은 싸움터에서
인생의 노영 안에서
발 없이 쫓기는 짐승처럼 되지 말고
싸움에 이기는 영웅이 되라.

많은 부를 이루었을 때 나는 굶주리는 사람을 생각할 것이다.
자만심에 들떠 있을 때 나는 허약했던 순간들을 생각할 것이다.
세상에서 내가 제일이라고 느껴질 때
나는 고개를 들어 하늘의 별을 바라볼 것이다.